Anthony Amadi

# Métodos de investigação para projectos de fim de curso de informática

Anthony Amadi

# Métodos de investigação para projectos de fim de curso de informática

ScienciaScripts

**Imprint**



Cover image: www.ingimage.com

This book is a translation from the original published under ISBN 978-620-8-41653-9.

Publisher:
Sciencia Scripts
is a trademark of
Dodo Books Indian Ocean Ltd. and OmniScriptum S.R.L publishing group

120 High Road, East Finchley, London, N2 9ED, United Kingdom
Str. Armeneasca 28/1, office 1, Chisinau MD-2012, Republic of Moldova, Europe
Managing Directors: Ieva Konstantinova, Victoria Ursu
info@omniscriptum.com

Printed at: see last page
**ISBN: 978-620-8-62582-5**

Dedicação

Dedico este livro a todos os meus alunos do projeto que me inspiraram a escrever este livro.

**Sobre o autor**

Amadi Anthony Ndubuisi é professor no Politécnico do Estado de Imo Umuagwo, Estado de Imo, Nigéria, desde 2013. Estudou Informática e Educação na Universidade da Nigéria Nsukka e Sistemas de Software e Tecnologia da Internet na Universidade de Sheffield, Reino Unido, em 2005 e 2019, respetivamente.

Leccionou cursos como: Introdução à Programação, Aplicações Informáticas, Sistemas de Informação de Gestão, Sistemas Operativos e Metodologia de Investigação. Supervisionou vários projectos de sistemas de software e trabalhou como membro do comité do projeto na mesma instituição.
É coautor de dois livros: Computer Applications and Learn Fortran Programming: Uma abordagem sistemática e Aplicações informáticas.

Tem especial interesse em desenvolvimento de software, análise e conceção de sistemas, garantia de qualidade de software e redes de computadores.

## Prefácio

No final de um curso de licenciatura em Informática/Tecnologia da Informação e Comunicação, os estudantes são obrigados a realizar um projeto de fim de curso. Trata-se de uma componente obrigatória do programa. Várias questões entram em jogo assim que lhes é pedido que apresentem tópicos ou que seleccionem entre os tópicos disponíveis. A maioria dos estudantes não sabe como começar e pode não ter uma orientação prática. Isto torna a supervisão do projeto uma necessidade. Os supervisores são oriundos de diferentes áreas e, na maioria das vezes, estão ocupados com outras tarefas. Este guia de projeto fornece uma orientação inestimável que os estudantes podem seguir para se destacarem nos seus projectos de fim de curso.

Durante os meus vários anos de experiência na supervisão de projectos de final de curso, cheguei à conclusão de que é necessário um guia prático que possa ajudar os estudantes a realizar os seus projectos em disciplinas relacionadas com a informática e as tecnologias da informação. Este guia não substitui de forma alguma as reuniões de projeto com os supervisores.

Os estudantes de pós-graduação também podem obter uma visão significativa sobre como realizar os seus projectos utilizando as orientações fornecidas neste livro.

# Índice

# Capítulo 1: Panorama da investigação

## O que é a investigação

A. De acordo com John W. Creswell (2017), "a investigação é um processo de etapas utilizado para recolher e analisar informações para aumentar a nossa compreensão de um tópico ou questão". Consiste em três etapas:
   - Colocar uma questão
   - Recolher dados para responder à pergunta
   - E apresentar uma resposta à pergunta.

B. De acordo com o dicionário de Cambridge, "investigação é um estudo pormenorizado de um assunto, especialmente com o objetivo de descobrir (novas) informações ou alcançar uma (nova) compreensão".

C. A investigação é uma investigação sistemática e um estudo de materiais e fontes com o objetivo de estabelecer factos e chegar a novas conclusões.

D. O dicionário Webster define-o como: "Estudo e investigação cuidadosos, sistemáticos e pacientes em algum campo do conhecimento, realizados para descobrir ou estabelecer factos ou princípios".

## Tipos de investigação

### 1. BásicoZpuroZfundamental

Este tipo de investigação visa melhorar as teorias científicas para uma melhor compreensão e previsão de fenómenos naturais ou outros. Os cientistas iniciam-na por curiosidade ou interesse em dar respostas a questões científicas. A ênfase é colocada na compreensão de um conceito ou de um fenómeno e no seu funcionamento ou comportamento. A investigação científica alarga o conhecimento do homem, não cria nem inventa algo. Os investigadores utilizam os seus conhecimentos de base fundamentais para conceber estudos que possam testar, aperfeiçoar, modificar ou desenvolver teorias. Considere as questões específicas desta investigação:

i. "Porque é que os humanos diferem em altura?"
ii. "Como é que o universo foi criado?"
iii. Como é que os neurónios funcionam?

Esta categoria de investigação é mais um exercício académico destinado a dar respostas convincentes a preocupações naturais ou ambientais. Quando a solução para o problema de investigação não tem aplicações aparentes a qualquer problema prático existente, mas serve apenas os interesses académicos de uma comunidade de investigadores, a investigação é básica. A investigação pura não tem necessariamente um objetivo final específico, mas explica um tópico de interesse para a investigação.

**2. Investigação aplicada**

A investigação aplicada centra-se na resolução de um problema de investigação específico, fornecendo soluções inovadoras ou tentando fazer uma descoberta específica que terá aplicações conhecidas para resolver problemas individuais ou societais .

**3. Exploratório**

Este tipo de investigação é realizado para compreender melhor um problema ou uma questão, para clarificar ou definir parâmetros do problema ou para aperfeiçoar uma ideia geral num problema de investigação mais específico. A investigação exploratória é uma investigação efectuada para investigar um problema que não está claramente definido, que foi pouco investigado ou que é mal compreendido. Muitas vezes descrita como investigação de teoria fundamentada, ou investigação interpretativa, a abordagem não é concebida para obter resultados conclusivos, mas sim para recolher conhecimentos que podem constituir a base de uma investigação futura mais específica.

**Caraterísticas da investigação exploratória**

A investigação exploratória tem as seguintes

caraterísticas fundamentais

1. De natureza não estruturada.

A investigação exploratória raramente utiliza ferramentas de recolha de dados estruturadas ou normalizadas, como inquéritos fechados. Isto deve-se ao facto de estas formas de recolha de dados restringirem a natureza dos dados a recolher. Uma abordagem mais não estruturada, por exemplo, envolvendo perguntas abertas, facilitará a exploração de diferentes dimensões de interesse e permitir-lhe-á descobrir novas informações que talvez não esperasse obter.

2. Baixo custo e interativo

Os métodos de investigação exploratória tendem a ser baratos e simples de executar. Simultaneamente, facilitam um elevado grau de interatividade entre o investigador e os sujeitos ou participantes da investigação, incitando-os ou motivando-os a fornecer informações aprofundadas.

3. Pode ser demorado

Uma vez que a investigação exploratória procura novos conhecimentos ou informações aprofundadas, pode ser morosa. Um dos aspectos mais demorados envolve encontrar as pessoas certas para participar na pesquisa e motivá-las a partilhar o nível de conhecimento que procura. Se estiver a planear utilizar um questionário, o Survey Monkey Audience pode construir um público adequado numa questão de minutos.

## 4. Explicativo

Este é um método de investigação que explora a razão pela qual algo ocorre quando existe pouca informação disponível. Pode ajudar a aumentar a nossa compreensão de um determinado tópico, determinar como ou porquê um determinado fenómeno está a ocorrer e pode prever ocorrências futuras.

A investigação explicativa utiliza um modelo de "causa e efeito", investigando padrões e tendências em dados existentes que não tenham sido investigados anteriormente. Por este motivo, é frequentemente considerada um tipo de investigação causal.

Quando utilizar a investigação explicativa

A investigação explicativa é utilizada para investigar como ou porque é que um fenómeno ocorre. Por conseguinte, este tipo de investigação é frequentemente uma das primeiras fases do processo de investigação, servindo de ponto de partida para investigação futura. Embora existam muitas vezes dados disponíveis sobre o seu tópico, é possível que a relação causal específica em que está interessado não tenha sido estudada de forma aprofundada. A investigação explicativa ajuda-o a analisar estes padrões, formulando hipóteses que podem orientar futuros esforços. Se procura uma compreensão mais completa de uma relação entre variáveis, a investigação explicativa é um ótimo ponto de partida. No entanto, não se esqueça de que provavelmente não produzirá resultados conclusivos. Por exemplo, um professor de matemática quer saber porque é que os alunos do departamento de artes têm um melhor desempenho na sua disciplina no segundo semestre do que no primeiro semestre durante um período de 5 anos.

## 5. Indutivo vs dedutivo

A principal diferença entre o raciocínio indutivo e o dedutivo é que o raciocínio indutivo tem como objetivo desenvolver uma teoria, enquanto o raciocínio dedutivo tem como objetivo atestar uma teoria existente. Por outras palavras, o raciocínio indutivo retira conclusões de observações específicas para generalizações gerais. O raciocínio dedutivo funciona de forma inversa. Ambas as abordagens são utilizadas em vários tipos de investigação, e não é invulgar combiná-las no seu trabalho. Quando há pouca ou nenhuma literatura existente sobre um tópico, é comum realizar pesquisas indutivas, porque não há nenhuma teoria para testar. A abordagem indutiva consiste em três etapas:

**Observação**

- Um voo de uma companhia aérea de baixo custo está atrasado
- Os cães A e B têm pulgas
- Os elefantes dependem da água para existir

**Procurar padrões**

- Mais 20 voos de companhias aéreas de baixo custo sofrem atrasos
- Todos os cães observados têm pulgas
- Todos os animais observados dependem da água para existir

**Elaboração de uma teoria ou de uma conclusão geral (preliminar)**

- As companhias aéreas de baixo custo têm sempre atrasos
- Todos os cães têm pulgas
- Toda a vida biológica depende da água para existir

**Limitações de uma abordagem indutiva**

Uma conclusão tirada com base num método indutivo nunca pode ser totalmente provada. No entanto, pode ser invalidada. Quando se efectua uma investigação dedutiva, parte-se sempre de uma teoria. Esta é normalmente o resultado de uma investigação indutiva. Raciocinar dedutivamente significa testar essas teorias. Não esquecer que, se ainda não existir uma teoria, não é possível efetuar uma investigação dedutiva. A abordagem de investigação dedutiva consiste em quatro fases:

1. Começar com uma teoria existente e criar uma declaração de problema

- As companhias aéreas de baixo custo têm

sempre atrasos

- Todos os cães têm pulgas
- Toda a vida biológica depende da água para existir

2. Formular uma hipótese falseável, com base na teoria existente
    - Se os passageiros voarem com uma companhia aérea de baixo custo, terão sempre atrasos
    - Todos os cães de estimação do meu prédio têm pulgas
    - Todos os mamíferos terrestres dependem da água para existir
3. Recolher dados para testar a hipótese
    - Recolher dados de voo de companhias aéreas de baixo custo
    - Testar todos os cães do edifício para detetar pulgas
    - Estudar todas as espécies de mamíferos terrestres para ver se dependem da água
4. Analisar e testar os dados
    - 5 em cada 100 voos das companhias aéreas de baixo custo não sofrem atrasos
    - 10 em cada 20 cães não tinham pulgas

- Todas as espécies de mamíferos terrestres dependem da água

Decidir se é possível rejeitar a hipótese nula

- 5 em cada 100 voos de companhias aéreas de baixo custo não são atrasados=rejeitar hipótese
- 10 em 20 cães não tinham pulgas=rejeitar a hipótese
- Todas as espécies de mamíferos terrestres dependem da água=hipótese de suporte

**Limitações de uma abordagem dedutiva**

As conclusões do raciocínio dedutivo só podem ser verdadeiras se todas as premissas estabelecidas no estudo indutivo forem verdadeiras e os termos forem claros.

## 6. Conceção da investigação descritiva

Pode utilizar uma grande variedade de métodos de investigação para investigar uma ou mais variáveis. A investigação descritiva visa descrever de forma precisa e sistemática uma população, situação ou fenómeno. Pode responder às perguntas "o quê", "onde", "quando" e "como", mas não às perguntas "porquê". Uma conceção de investigação descritiva pode utilizar uma grande variedade de métodos de investigação para investigar uma ou mais variáveis.

Ao contrário da investigação experimental, o investigador não controla nem manipula nenhuma das variáveis, mas apenas as observa e mede. A investigação descritiva é uma escolha adequada quando o objetivo da investigação é identificar caraterísticas, frequências, tendências e categorias. É útil quando ainda não se sabe muito sobre o tópico ou problema. Antes de poder investigar porque é que algo acontece, é necessário compreender como, quando e onde acontece.

## 7. Investigação experimental

A investigação experimental é uma investigação conduzida com uma abordagem científica que utiliza dois conjuntos de variáveis. O primeiro conjunto actua como uma constante, que é utilizada para medir as diferenças do segundo conjunto. Os métodos de investigação quantitativa, por exemplo, são experimentais. Se não tiver dados suficientes para apoiar as suas decisões, deve primeiro determinar os factos. A investigação experimental recolhe os dados necessários para o ajudar a tomar melhores decisões. Qualquer investigação efectuada em condições cientificamente aceitáveis utiliza métodos experimentais. O sucesso dos estudos experimentais depende do facto de os investigadores confirmarem que a alteração de uma variável se baseia apenas na manipulação da variável constante. A investigação deve estabelecer uma causa e um efeito notáveis. A investigação experimental pode ser efectuada nas seguintes situações

1. O tempo é um fator vital para estabelecer uma relação entre causa e efeito.
2. Comportamento invariável entre causa e efeito.
3. Deseja compreender a importância da causa e do efeito.

**Conceção da investigação**

Um projeto de investigação é uma estratégia para responder à sua pergunta de investigação utilizando dados empíricos. Criar um projeto de investigação significa tomar decisões sobre: Os objectivos e a abordagem gerais da investigação

- O tipo de conceção da investigação que vai utilizar
- Os seus métodos de amostragem ou critérios de seleção dos sujeitos
- Os seus métodos de recolha de dados
- Os procedimentos a seguir para recolher dados
- Os seus métodos de análise de dados
- Um projeto de investigação bem planeado ajuda a garantir que os seus métodos correspondem aos seus objectivos de investigação e que utiliza o tipo certo de análise para os seus dados. Pode ser necessário redigir um projeto de investigação como um trabalho autónomo, ou pode fazer parte de uma proposta de investigação mais vasta ou de outro projeto. Em qualquer dos casos, deve considerar cuidadosamente quais os métodos mais adequados e viáveis para responder à sua pergunta.

**Tipos de conceção da investigação**

1. Conceção de investigação descritiva. Trata-se de uma conceção baseada na teoria, em que o investigador está principalmente interessado em descrever o tema que é objeto da investigação.
2. Conceção da investigação correlacional. Tal como o seu nome sugere, a conceção correlacional permite ao investigador estabelecer algum tipo de relação entre dois tópicos ou variáveis estreitamente relacionados.
3. Conceção da investigação experimental. Quer se trate de uma experiência de campo, de uma experiência controlada ou de uma quasiexperiment, este é um dos tipos de conceção de investigação que estabelece uma relação entre as variáveis.
4. Conceção da investigação de diagnóstico. A investigação de diagnóstico é um dos tipos de conceção de investigação que visa examinar a causa subjacente de uma determinada situação ou fenómeno.
5. Conceção de investigação explicativa. Mais uma vez, o nome é auto-explicativo. A conceção de investigação explicativa é utilizada para expandir, explorar e explicar as ideias e teorias

do investigador.

**Objectivos da investigação**

Descrevem o que se espera alcançar com um projeto. Os objectivos de investigação são geralmente expressos em termos leigos e dirigem-se tanto ao cliente como ao investigador. Os objectivos de investigação podem ser associados a uma hipótese ou utilizados como declaração de finalidade num estudo que não tenha uma hipótese.

**Porque precisamos de investigação**

**Expande a sua base de conhecimentos**

Um dos maiores benefícios da investigação é aprender e adquirir um conhecimento mais profundo. Quanto mais se aprofunda um tema, mais se conhece.

**Mantém-no atualizado**

A investigação incentiva-o a descobrir as informações mais recentes disponíveis. As informações actualizadas evitam que fique para trás e ajudam-no a apresentar informações precisas.

**Constrói a sua credibilidade**

A investigação fornece-lhe uma boa base sobre a qual os seus pensamentos e ideias podem ser desenvolvidos. As pessoas levam-no mais a sério quando as suas opiniões e sugestões são apoiadas por investigação.

**Incentiva a curiosidade**

A investigação utiliza a informação existente para criar novas ideias e opiniões. Nesse processo, desperta a curiosidade de explorar para obter conhecimentos mais profundos sobre um assunto.

## Capítulo 2: Seleção/Proposta de projeto

Cenário A

A seleção de um tema de projeto é o primeiro passo para a realização de um projeto de investigação. A nível internacional, a escola/departamento do estudante publica uma lista de temas de projeto no início do ano ou do período de projeto. Há locais onde apenas são publicados os temas de projeto da escola, enquanto outros asseguram que cada supervisor publica a sua própria lista com uma breve explicação da área problemática. Os alunos também podem propor o seu próprio tema de projeto, mas esta proposta tem de estar em conformidade com a política aceitável para esse tipo de proposta.

Cenário B

Os alunos têm liberdade para propor cerca de três temas para o seu projeto. Estes temas são invariavelmente retirados de projectos anteriores. Apenas alguns deles podem ser temas novos. A experiência tem demonstrado que, durante este período, os estudantes andam de um arquivo para outro à procura de temas que já têm materiais. É dever do supervisor aprovar um tema para os alunos de entre os três apresentados. Há casos em que esses temas foram parcial ou totalmente modificados antes de o estudante começar a trabalhar no projeto.

## Seleção de um tópico da lista de projectos

Se for dada a um aluno a oportunidade de selecionar um tema de uma lista, torna-se imperativo avaliar cuidadosamente todas as opções disponíveis para tomar uma decisão. Neste caso, o aluno deve ter em conta o seu interesse e a sua capacidade para cumprir os requisitos do projeto. Por conseguinte, espera-se que o aluno seja tão objetivo quanto possível para tomar a decisão certa.

Alguns supervisores podem querer conhecer os seus antecedentes para lhe darem conselhos úteis sobre o projeto que pensam que poderá realizar tendo em conta os seus antecedentes e experiência. Normalmente, os estudantes seguem os conselhos honestos dos seus supervisores na escolha do tema do projeto. Poderá ser pedido aos estudantes que apresentem a proposta por escrito, fornecendo os pormenores necessários para que se considerem adequados para o projeto. Se um estudante não conseguir defender adequadamente a sua proposta e convencer o supervisor de que será capaz de realizar o projeto, é sensato e seguro reconsiderar a proposta e mudar de tema.

Abaixo encontra uma orientação geral que pode seguir. A experiência tem demonstrado que funciona bem.

**Tips on choosing/proposing a project topic**

- Do not underestimate your area of strength in terms of hardware, software, networking, information security and any other area where a project can be executed.
- Ask yourself; which of the above areas do I have strength to carry out a project which requires the least assistance?
- Choose an attractive topic that you can work on from beginning to the end, considering time and other constraints so that you can be awarded a pass.
- Choose topics you can comfortably defend with your supervisor during a conversation.
- Choose more than three topics gives you good flexibility in case you encounter a hitch in any of them.
- Be creative. Look around at the school environment, your hometown, province, state, and country and try to finda subject, which has not been automated.
- Look at new technologies that are related to mobile computing and web technology. You can find many areas that these technologies can be applied for the first time to improve an already existing system or build one from scratch.
- Focus on the subjects that computer automation can be used to improve service delivery in areas such as education, health, globalization, tourism, global warming life style, culture, entertainment, etc.

Muitos estudantes não pensam bem na possibilidade de obter dados para o projeto ou outra assistência necessária para o completar. Limitam-se a apresentar propostas por apresentar, porque outros estão a apresentar. Alguns safam-se, mas poucos podem não ter sorte. Por conseguinte, se não quiser apostar no seu projeto, é aconselhável seguir uma abordagem sistemática que produzirá um melhor resultado ao selecionar ou propor o seu tema. Vejamos este exemplo.

**Exemplo 1**

Tem estes três temas para propor/selecionar, mas são enumerados sem qualquer consideração de prioridade:

1. Conceção e implementação de um sistema de gestão de salários utilizando o Conpcass.
2. Conceção e implementação do sistema de gestão de activos.
3. Conceção e implementação de um sistema de comunicação de exames utilizando SMS.

Aspectos a ter em conta sobre os temas:

1. O primeiro tópico requer um conhecimento razoável do cálculo do salário utilizando a estrutura salarial (CONPCAS S), conforme exigido pela especificação do projeto.
2. O segundo tópico requer bons conhecimentos de análise de sistemas empresariais e de aplicações de bases de dados.
3. O terceiro tópico requer alguns conhecimentos sobre computação móvel e aplicações.

4. Estes projectos requerem diferentes níveis de programação e de competências técnicas.
5. Necessitam de diferentes níveis de conhecimento de outras áreas disciplinares.
6. Todos eles requerem boas competências de programação.

Tendo em conta os factos acima enumerados, o problema da seleção de um dos três pode ser resolvido de forma sistemática.

**Pergunta-chave**
**"Qual dos temas posso escolher como primeira opção?"**
Para medir o grau de "adequação" de cada projeto a si, será adotado um processo de medição.

1. Atribuir alguns parâmetros mensuráveis a cada projeto e designá-los por parâmetros de seleção.
2. Resuma estes parâmetros de seleção em três categorias: Interesse, Conhecimentos de base, Competências necessárias e Custo.

3. Para medir cada parâmetro, atribua dois atributos: Coeficiente e Percentagem a cada um deles.

Isto fornecerá uma base adequada sobre a qual

podemos aplicar o nosso método.

Agora, para medir a "adequação" de cada projeto, deve atribuir uma percentagem aos parâmetros do Grau para mostrar o valor de cada parâmetro. O Coeficiente é um número fixo, de 1 a 5, que indica o peso do parâmetro, ou a sua importância, se preferir. O Coeficiente deve ser o mesmo para todos os projectos que selecionou. O quadro 2.1 apresenta um modelo que permite quantificar a situação de cada projeto da lista restrita em função do parâmetro mencionado

**Quadro 2.1** Modelo de definição de prioridades dos projectos

| Projects | Parameter | | | | | | | | | | | | |
|---|---|---|---|---|---|---|---|---|---|---|---|---|---|
| | Interesting | | | Background Knowledge | | | Required Skills | | | Cost | | | Final |
| Projects | Coif | Degree | Result | Coif | Degree | Result | Coif | Degree | Result | Coinf. | Degree | Result | Result |
| | 1–5 | 0–100 | | 1–5 | 0–100 | | 1–5 | 0–100 | | 1–5 | 0–100 | | |
| Payroll Management system | | | | | | | | | | | | | |
| Asset Management System | | | | | | | | | | | | | |
| Examination reporting system using SMS | | | | | | | | | | | | | |

Agora vamos atribuir o Coeficiente a cada um dos parâmetros da seguinte forma:

1. Interessante = 4
2. Conhecimentos de base= 3
3. Competências necessárias=4
4. Custo= 3

Os valores que atribui a cada parâmetro dependem de si. Para além disso, também precisamos de definir um valor para o parâmetro Grau. Veja na Tabela 9.2 os detalhes do cálculo que deu origem ao resultado final. De acordo com este exemplo, a lista de projectos prioritários seria a seguinte Um sistema de gestão de activos

**Quadro 2.2** Exemplo de definição de prioridades de projectos

| Projects | Parameter | | | | | | | | | | | | Final Result |
|---|---|---|---|---|---|---|---|---|---|---|---|---|---|
| | Interesting | | | Background Knowledge | | | Required Skills | | | Cost | | | |
| | Coif | Degree | Result | Coif | Degree | Result | Coif | Degree | Result | Coinf. | Degree | Result | |
| | 1–5 | 0–100 | | 1–5 | 0–100 | | 1–5 | 0–100 | | 1–5 | 0–100 | | |
| Payroll Management system | 4 | 50 | 200 | 3 | 60 | 180 | 4 | 60 | 240 | 3 | 60 | 180 | 800 |
| Asset Management System | 4 | 60 | 240 | 3 | 70 | 210 | 4 | 70 | 280 | 3 | 60 | 180 | 910 |
| Examination reporting system using SMS | 4 | 50 | 200 | 3 | 40 | 120 | 4 | 50 | 200 | 3 | 60 | 180 | 700 |

Os dados da tabela 2.2 mostram como um aluno pode escolher sistematicamente um tema para o seu projeto. Os alunos são aconselhados a preencher os valores sem preconceitos. Se os valores introduzidos na tabela corresponderem à verdadeira posição dos parâmetros considerados, então o resultado deve ser aceite. Deve ser dada prioridade à conceção e implementação do sistema de gestão de activos.

**Temas propostos pela escola**

Algumas instituições têm uma política de projectos de estudantes que obriga os supervisores a apresentarem todos os anos uma lista de temas para projectos. Esta prática tem como objetivo incentivar a criação de conteúdos originais. Os professores têm um prazo para cumprir esta diretiva, de modo a permitir que o departamento analise, aprove e publique os temas para os estudantes seleccionarem. Nesta prática, o tema selecionado por um estudante determina quem será o seu supervisor. Os alunos podem fazer uma primeira, uma segunda e uma terceira escolha, justificando com factos porque pensam que são os melhores para um determinado projeto. O proprietário do tópico determina a quem é que o tópico será atribuído depois de analisar todas as candidaturas para um determinado tópico. Uma vez atribuído um tema a um aluno, esse tema deixa de estar disponível para seleção.

## Seleção de um supervisor

Algumas escolas permitem-lhe escolher o seu supervisor, mas nem sempre é esse o caso. Se a sua escola não lhe der a possibilidade de escolher, isso também é cool.
Os supervisores disponibilizam sugestões aos estudantes sob a forma de esboço do projeto ou de um guia prático como este livro. Espera-se que os estudantes se reúnam oficialmente com os seus supervisores durante o período de execução do projeto para apresentar o relatório de progresso e obter feedback. Isto implica que têm de aceitar todas as consequências de não se encontrarem com o seu supervisor. Os estudantes devem procurar e implementar os comentários dos seus supervisores sobre o seu projeto de acordo com um calendário previamente planeado.

São muitos os factores que contribuem para o impacto que um supervisor tem no projeto de um estudante: A sua experiência na área do projeto, a sua experiência na supervisão de projectos, o tempo que dedica a cada aluno, o interesse que tem pelo tema do projeto e a sua personalidade e estilo de comunicação. Se conseguir o supervisor que deseja, considere-se com sorte. Se não, encare isso como mais uma oportunidade para aprender.

## Capítulo 3: Planeamento do projeto

O fracasso é inevitável se não se planear sistematicamente a realização de um projeto informático ou de TI. Na engenharia e desenvolvimento de software, o planeamento do projeto está integrado na metodologia de tal forma que, por vezes, é difícil separá-los. Estes dois conceitos serão abordados neste livro, mas este capítulo centrar-se-á no planeamento do projeto.

Não é de esperar que se estudem outros cursos/módulos e que se faça um trabalho de projeto no mesmo intervalo. Como em todos os outros níveis, a elaboração de um calendário é uma saída. Enquanto estudante de projeto, não dispõe de todo o tempo do mundo para trabalhar no seu projeto. A programação e o controlo do tempo das actividades do projeto, bem como a frequência de outras disciplinas, estão sob o seu controlo. O planeamento de um projeto é absolutamente necessário, porque tem uma carga razoável de créditos e está repleto de muitas tarefas. A ausência de planeamento é uma prova de falta de cuidado com as suas responsabilidades no projeto. O seu supervisor não será responsabilizado pelo seu descuido na gestão das tarefas do projeto. O resultado possível pode ser a apresentação de um trabalho incompleto, o que o colocará definitivamente numa posição de desvantagem no que diz respeito à sua nota. Passemos agora aos pormenores do planeamento do projeto .

Um plano de projeto é simplesmente um documento que explica 4Ws+H, que significa O que vai ser feito, Quando vai ser feito, Quem vai fazê-lo, Onde vai ser feito e Como vai ser feito. Este conceito foi novamente reformulado da seguinte forma:

**Perguntas sobre o plano do projeto**

1. Quais são as principais etapas do projeto?
2. Qual é o calendário do projeto (ou seja, o que acontece quando)?
3. Quais são os resultados que o projeto deve produzir?
4. Quais são os critérios de qualidade?
5. Quais são os critérios de aceitação?
6. Como será realizado o projeto?

**Plano do projeto Área de cobertura**

Utilizando uma das ferramentas, como o Microsoft Project, o Microsoft Visio, o OpenProj, etc., que podem ajudá-lo a preparar um diagrama de Gantt, elabore um primeiro plano que inclua as seguintes etapas principais:

1. Preparação da declaração do problema
2. Compreender os requisitos gerais

3. Reunião com o seu supervisor
4. Revisão da literatura
5. Metodologia
6. Análise e conceção
7. Implementação
8. Ensaios
9. Redigir o relatório do projeto
10. Preparar a apresentação

Criar um diagrama de Gantt pode ser útil nesta altura, mas se não souber como o fazer, não se preocupe, continue. Pode encontrar explicações gerais que o ajudarão a compreendê-los para que possa gerir o seu projeto de forma adequada.

Embora os destaques acima sejam típicos de todos os projectos CST/TI, cada projeto tem as suas próprias particularidades/especialidades, o que torna o seu planeamento único.

para garantir que não se atrasa. Os calendários dos projectos departamentais, tais como: defesa interna/ simulada e defesa externa, podem ser difíceis de remarcar para aqueles que faltarem às datas previstas. Um estudante sensato terá como objetivo terminar todo o trabalho do projeto antes da avaliação de qualquer projeto departamental. A realização dos objectivos do projeto está totalmente sob o controlo do aluno. Trabalhar de acordo com o plano evitará que o estudante tenha de se apressar à última hora, o que poderá levar a vários erros.

## Capítulo 4: Estrutura Analítica do Projeto (EAP)

Normalmente, um projeto CST/TI é um projeto complicado. No início, a elaboração de um plano de projeto pode parecer uma tarefa árdua. O tema do projeto parece confuso, vasto, aberto e por aí adiante. Tudo o que precisa de fazer é respirar fundo e expirar para relaxar a sua ansiedade, porque há sempre uma solução para todos os problemas, se for bem estudada. Nesta fase, não é necessário pensar nos pormenores. Simplesmente, pense nos principais passos que devem ser dados e faça uma lista que mostre os principais passos necessários para resolver o problema. Esta tarefa - fazer uma lista dividindo todo o projeto em tarefas específicas e geríveis - é conhecida como Work Breakdown e o seu resultado é designado por Work Breakdown Structure ou simplesmente (WBS).

**Exemplo de plano da estrutura do projeto (PEP)**

1. Preparação da declaração do problema
2. Compreender os requisitos gerais
3. Reunião com o meu supervisor
4. Revisão da literatura
5. Metodologia
6. Análise e conceção
7. Implementação
8. Ensaios

9. Redigir o relatório do projeto
10. Preparar a apresentação

O calendário e os recursos são dois componentes importantes para fazer desta lista um plano de projeto.

Um projeto tem um prazo de execução e espera-se que seja atribuído tempo a cada item (tarefa) da lista. Quando é que a tarefa começa e quando é que termina.

Por outro lado, os recursos referem-se aos seres humanos e aos materiais/equipamentos necessários para realizar as tarefas. Para começar, o principal recurso humano necessário para o projeto é o próprio (indivíduo ou grupo). Outros recursos humanos, como o seu supervisor, também são importantes para a realização de todas as tarefas. Para um projeto de software de maior dimensão, pode haver uma equipa de requisitos, uma equipa de análise e conceção, uma equipa de programação, uma equipa de testes, etc. Um computador, um servidor, um scanner biométrico, uma impressora, um scanner ou um software podem ser classificados como materiais/equipamentos necessários para a realização do projeto.

## Abordagem descendente e ascendente

Geralmente, trata-se de uma abordagem de conceção de software segundo a qual um sistema complexo é concebido dividindo o problema em subtarefas e subtarefas até que o problema seja fácil de resolver.

Especificamente;

De cima para baixo - Começamos pela tarefa do topo da lista e aplicamos os recursos e os tempos um a um até a última tarefa da lista estar concluída.

De baixo para cima - Começamos pela última tarefa e atribuímos recursos e tempos às tarefas de trás para a frente até chegarmos à tarefa mais importante.

Assim, estes pormenores serão acrescentados ao plano para efetuar as alterações necessárias

Nesta altura, a abordagem ascendente é uma escolha melhor do que a descendente. A razão é simples. A data de entrega do seu projeto não pode ser prolongada por sua causa. A melhor opção é assumir um prazo de entrega, se este não tiver sido divulgado. Cada instituição/departamento gere o seu calendário de avaliação de forma diferente. As datas de defesa do projeto são predefinidas de acordo com o plano da Universidade/Politécnico/Faculdade de Educação.

Considere os seguintes pressupostos:

1. Início do semestre - 3 de março

2. Fim do semestre - 25 de maio

3. Apresentação do projeto - 4 de julho

4. Apresentação interna de fens e - 12 de julho

5. Apresentação da defesa externa - 22 de julho

Com base nas informações acima referidas, podemos elaborar um calendário que pode ser utilizado para realizar o seu projeto.

Vamos aplicar a abordagem de baixo para cima. É do conhecimento geral que este projeto deve estar pronto antes do $^{dia}$ 04 de julho, data prevista para a sua apresentação. Por isso, estamos a utilizar esta data como a última data. Um aluno que apresente o projeto na data de apresentação é considerado atrasado. Se a apresentação for em linha e o prazo for fixado para o $^{dia}$ 4 de julho, qualquer projeto apresentado um minuto depois desta data é assinalado como apresentação tardia. Suponhamos também que a preparação da apresentação demora 8 dias. O número de dias pode não ser exequível, mas há que tomar esta medida. Idealmente, isto é feito de uma forma multitarefa.

O aluno deve terminar a sua apresentação alguns dias antes do dia da apresentação. Aplicando esta técnica, pode obter a primeira versão da sua calendarização, como pode ver na Tabela 4.1.

**Tabela 4.1** Programação do projeto - Bottom Up - Primeira tentativa

| ID | Task | Duration | Start | End |
|---|---|---|---|---|
| 1 | Preparing Problem Statement | ? | ? | ? |
| 2 | Understanding general requirements | ? | ? | ? |
| 3 | Meeting with my supervisor | ? | ? | ? |
| 4 | Literature Review | ? | ? | ? |
| 5 | Methodology | ? | ? | ? |
| 6 | Analysis and Design | ? | ? | ? |
| 7 | Implementation | ? | ? | ? |
| 8 | Testing | ? | ? | ? |
| 9 | Writing Project Report | ? | ? | ? |
| **10** | **Preparing Presentation** | **8 days** | **27/6/2021** | **03/07/2021** |

**Tabela 4.2** Programação de projectos - de baixo para cima (continuação)

| ID | Task | Duration | Start | End |
|---|---|---|---|---|
| 1 | Preparing Problem Statement | ? | ? | ? |
| 2 | Understanding general requirements | ? | ? | ? |
| 3 | Meeting with my supervisor | ? | ? | ? |
| 4 | Literature Review | ? | ? | ? |
| 5 | Methodology | ? | ? | ? |
| 6 | Analysis and Design | ? | ? | ? |
| 7 | Implementation | ? | ? | ? |
| 8 | Testing | ? | ? | ? |
| 9 | Writing Project Report | 10days | 17/5/2021 | **26/06/2021** |
| **10** | **Preparing Presentation** | **8 days** | **27/6/2021** | **03/07/2021** |

Finalmente, se continuarmos a aplicar este método, chegaremos ao primeiro calendário de corte para o nosso projeto de amostra, como se pode ver no Quadro 4.3.

**Quadro 4.3** Programação do projeto - de baixo para cima (primeiro esboço)

| ID | Task | Duratio n | Start | End |
|---|---|---|---|---|
| 1 | Preparing Problem Statement | 10days | 4/03/2021 | **13/03/2021** |
| 2 | Understanding general requirements | 10days | 14/3/2021 | **23/3/2021** |
| 3 | Meeting with my supervisor | 5days | 24/3/2021 | **28/3/2021** |
| 4 | Literature Review | 10days | 29/3/2021 | **7/4/2021** |
| 5 | Methodology | 2days | 8/4/2021 | **9/4/2021** |
| 6 | Analysis and Design | 5days | 10/4/2021 | **14/4/2021** |
| 7 | Implementatio n | 20days | 15/4/2021 | **4/5/2021** |
| 8 | Testing | 12days | 5/5/2021 | **16/5/2021** |
| 9 | Writing Project Report | 10days | 17/5/2021 | **26/06/2021** |
| **10** | **Preparing Presentation** | **8 days** | **27/6/2021** | **03/07/2021** |

**Definição do plano do projeto**

As tarefas do plano do projeto podem ser aperfeiçoadas. As tarefas seguintes devem começar mais cedo. Algumas tarefas podem ser executadas em paralelo ou em multitarefas.

- Análise e conceção
- Implementação
- Ensaios
- Redigir o relatório do projeto

Segue-se um grupo de tarefas que podem ser efectuadas em paralelo:

- Reunião com o seu supervisor
- Revisão da literatura
- Metodologia

Note-se que a reunião com o seu supervisor continua até ao final do período de vida do projeto.

# Capítulo 5: Metodologias

A metodologia, neste contexto, é a combinação das melhores práticas, procedimentos, regras e diretrizes através das quais podemos conduzir o nosso projeto e controlá-lo, por um lado, e os métodos que podemos aplicar no desenvolvimento de software para entregar um produto de software, por outro.

Os projectos que não são de desenvolvimento de software, como um projeto de investigação, por exemplo, podem ter uma metodologia diferente da investigação científica. Neste livro, a discussão centrar-se-á nas abordagens utilizadas no desenvolvimento de software.

## Metodologias de desenvolvimento de software

A perceção de que o desenvolvimento de software é sinónimo de programação foi corrigida há muito tempo. Hoje em dia, a maioria dos programadores de software tem uma ideia clara de que o desenvolvimento de software está para além da simples programação. A realidade é que tem mais de ciência e engenharia do que de arte. De facto, o termo "engenharia de software" tem sido amplamente aceite, embora haja alguns argumentos triviais contra ele de tempos a tempos. O desenvolvimento de software é uma atividade de produção; deve ser considerado "naturalmente" e "principalmente" um processo de engenharia.

Os métodos populares e bem praticados (engenharia de software ) que podem ser utilizados para realizar projectos de software incluem: Metodologia Estruturada de Análise e Projeto de Sistemas (SSADM): cascata; Metodologias Ágeis: Scrum, Xtreme Programming, Kanban; Model View Controller (MVC), Dynamic System Development Method (DSDM), Rapid Application Development (RAD), Object-Oriented , e diferentes quadros como o Unified Process, Rational Unified Process (RUP), Microsoft Solution Framework, e outros. Como é que podemos sobreviver nesta selva de métodos? Como é que podemos escolher entre eles? Para efeitos de um projeto de final de curso, serão abordadas algumas destas metodologias.

**Metodologia Waterfall**

O desenvolvimento em cascata é a metodologia de conceção estruturada original (ainda utilizada até à data) que permite que os analistas e os utilizadores avancem sequencialmente de uma fase para a seguinte. Os principais resultados de cada fase são apresentados ao patrocinador do projeto para aprovação à medida que o projeto passa de fase para fase. Quando o patrocinador aprova o trabalho realizado numa fase, a fase termina e começa a seguinte. É conhecido como desenvolvimento em cascata porque avança de fase para fase da mesma forma que uma cascata. Embora seja possível retroceder um nível no SDLC (por exemplo, da conceção para a análise), mas isso tem muitos custos e implicações de tempo. Também adopta a utilização de técnicas formais de modelação ou diagramação para descrever os processos empresariais básicos e os dados que os suportam. A conceção estruturada tradicional utiliza um conjunto de diagramas para representar os processos e um conjunto separado de diagramas para representar os dados. Como são usados dois conjuntos de diagramas, o analista de sistemas deve decidir qual conjunto desenvolver primeiro e usar como o núcleo do sistema: diagramas de modelo de processo ou diagramas de modelo de dados. As duas principais vantagens da abordagem de conceção estruturada em cascata são a identificação dos requisitos do sistema muito antes do início da programação e a minimização das alterações aos requisitos à medida que o projeto avança.

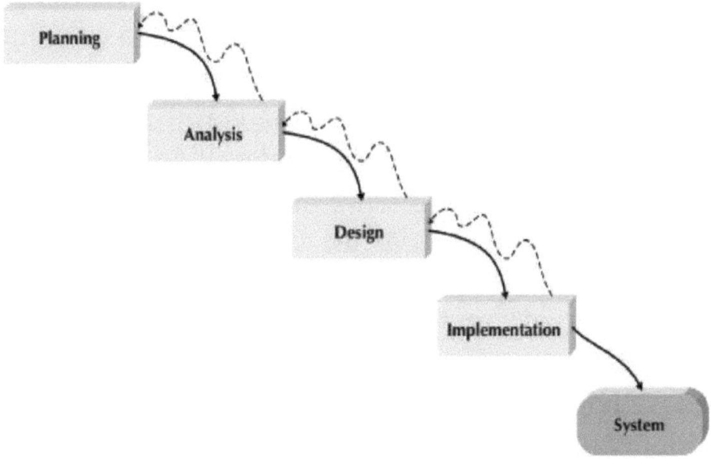


Figura 5.1 Metodologia em cascata

**Desenvolvimento rápido de aplicações (RAD)**
Esta categoria de metodologias inclui as metodologias baseadas no desenvolvimento rápido de aplicações (RAD). Trata-se de uma nova classe de metodologias de desenvolvimento de sistemas que surgiu na década de 1990. As metodologias baseadas em RAD ajustam as fases do SDLC para que uma parte do sistema seja desenvolvida rapidamente, mas os utilizadores irão interagir com o sistema e sugerir revisões quando necessário para aproximar o sistema do que é necessário. A maioria das metodologias baseadas no RAD recomenda que os analistas utilizem técnicas especiais e ferramentas informáticas para acelerar as fases de análise, conceção e implementação, tais como

ferramentas de engenharia de software assistida por computador (CASE), sessões de conceção conjunta de aplicações (JAD), linguagens de programação visuais ou de quarta geração que simplificam e aceleram a programação e geradores de código que produzem automaticamente programas a partir de especificações de conceção.

O desenvolvimento faseado divide um sistema global numa sequência de versões que são desenvolvidas uma após a outra. A fase de análise identifica o conceito global do sistema e a equipa do projeto, os utilizadores e o patrocinador do sistema categorizam os requisitos numa série de versões. Os requisitos mais importantes e fundamentais são implementados como a primeira versão do sistema. A fase de análise conduz então à conceção e implementação do - mas apenas com o conjunto de requisitos identificados na primeira versão. Após a implementação da versão 1, inicia-se a versão 2. É efectuada uma análise adicional com base nos requisitos previamente identificados e combinada com novos dados (se existirem) provenientes da interação dos utilizadores com a versão 1. A versão 2 é então concebida e implementada, e começa-se imediatamente a trabalhar na versão seguinte. Este processo continua até o sistema estar completo ou ser retirado. As metodologias baseadas no desenvolvimento faseado colocam um sistema útil nas mãos dos utilizadores. O sistema não executa todas as funções de que os utilizadores necessitam no início, mas começa a fornecer funções empresariais básicas com antecedência suficiente do que se fosse entregue após a conclusão, como é o caso das metodologias em cascata e paralelas. A principal desvantagem do desenvolvimento por fases é que os utilizadores começam a trabalhar com sistemas que estão intencionalmente incompletos.

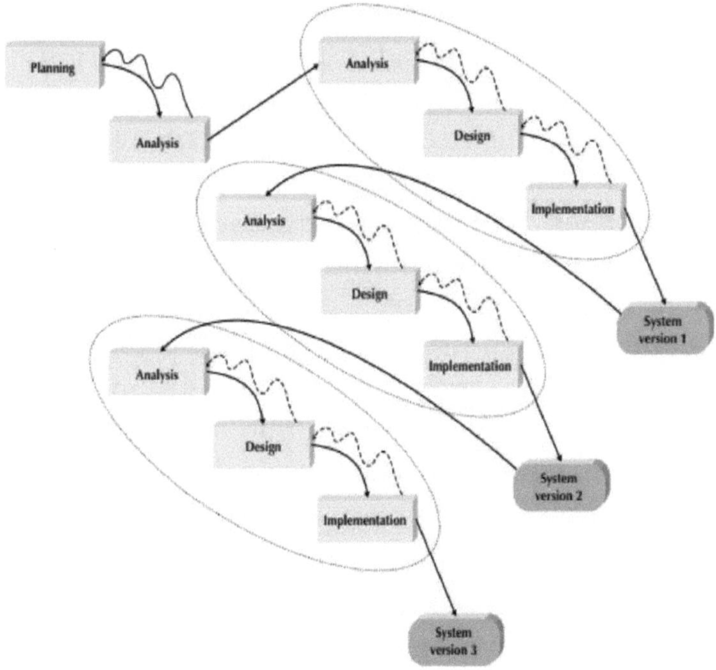


Figura 5.2 Desenvolvimento faseado

## Metodologias ágeis

Agile é um grupo de metodologias que envolvem um crescimento contínuo e incremental através de lançamentos pequenos e frequentes. As metodologias ágeis são abordagens ao desenvolvimento de produtos que estão alinhadas com os valores e princípios descritos no Manifesto Ágil para o desenvolvimento de software. As metodologias ágeis visam entregar o produto certo, com a entrega incremental e frequente de pequenos pedaços de funcionalidade, através de pequenas equipas auto-organizadas e funcionais, permitindo o feedback frequente dos clientes e a correção do rumo, conforme necessário. O objetivo do Agile é resolver os desafios enfrentados pelas abordagens tradicionais "em cascata" de entrega de grandes produtos em longos períodos de tempo, durante os quais os requisitos do cliente mudavam frequentemente, resultando na entrega de produtos errados. Foi criado por um grupo de 17 programadores de software que se reuniram para discutir melhorias nos tempos de desenvolvimento. Neste grupo estão incluídos Jeff Sutherland, Martin Fowler, Jim Highsmith, entre outros.

## Aplicação da metodologia Agile

Durante a maior parte da sua breve história (desde 1999-2000), o "Agile" tem sido predominantemente uma abordagem ao desenvolvimento de software e de projectos de desenvolvimento de aplicações informáticas. Atualmente, também se estende a outros domínios, especialmente nos sectores do conhecimento e dos serviços. O Agile é reativo ao mercado e ao cliente, respondendo rapidamente às suas necessidades e exigências e sendo capaz de mudar de direção conforme a situação o exija. Quer se trate de tecnologias da informação (TI), de desenvolvimento de software ou de qualquer outro domínio em que exista um fluxo de trabalho e de entrega de produtos de trabalho, os métodos ágeis podem ser aplicados. Os métodos ágeis tentam maximizar a entrega de valor ao cliente e minimizar o risco de criar produtos que não satisfazem - ou já não satisfazem - as necessidades do mercado ou do cliente. Para tal, dividem o ciclo de entrega tradicionalmente longo da cascata em períodos mais curtos, denominados sprints ou iterações. A iteração fornece a cadência para entregar um produto funcional ao cliente, obter feedback e efetuar alterações com base nesse feedback. Assim, os métodos ágeis procuraram reduzir os prazos de entrega (entrega antecipada, entrega frequente) para garantir que pequenas partes verticais do produto cheguem ao mercado, permitindo que os clientes forneçam feedback antecipadamente e garantam que o produto que finalmente recebem satisfaz as suas necessidades.

Agile tornou-se um termo genérico para uma

variedade de métodos e processos de planeamento, gestão e técnicos para gerir projectos, desenvolver software e outros produtos e serviços de forma iterativa. Estes métodos incluem o Scrum, de longe o método mais prevalecente e popular para o software, o XP (eXtreme Programming ou Paired Programming) e, mais recentemente, o Kanban.

**Manifesto ágil**

O Manifesto Ágil é uma declaração de valores e princípios fundamentais para o desenvolvimento de software. O Manifesto Ágil para o desenvolvimento de software foi criado em 2001 e é uma declaração de 4 regras vitais e 12 princípios que servem de guia para as pessoas no desenvolvimento ágil de software. Foi criado por 17 profissionais que já praticavam o desenvolvimento ágil de software. Foi criado por 17 profissionais que já praticavam métodos ágeis como XP, DSDM, SCRUM, FDD, etc., reunidos nas montanhas nevadas do estado americano de Utah, convocados por Kent Beck.

**Quatro valores-chave do Agile?**

Os quatro valores-chave do Agile são:

1. Indivíduos e interações em vez de processos e ferramentas
2. Software funcional e documentação completa
3. Colaboração com o cliente em vez de negociação de contratos

4. Reagir à mudança em vez de seguir um plano.

Indivíduos e interações em vez de processos e ferramentas
O primeiro valor dá ênfase ao trabalho em equipa e à comunicação. É de notar que o desenvolvimento de software é uma atividade humana. A qualidade da interação entre as pessoas é vital. As ferramentas são utilizadas no desenvolvimento de software, mas a criação de software de qualidade depende muito mais do trabalho de equipa, independentemente das ferramentas utilizadas pela equipa.
Software funcional em vez de documentação exaustiva A documentação tem o seu lugar e pode ser um excelente recurso ou referência para utilizadores e colegas de trabalho. No entanto, o principal objetivo do desenvolvimento de software é desenvolver software que ofereça benefícios comerciais e não documentação extensa.
Colaboração com o cliente em vez de negociação de contratos As equipas de desenvolvimento devem trabalhar em estreita colaboração e comunicar frequentemente com os seus clientes. Ao ouvir e obter feedback, as equipas compreenderão o que todos os interessados realmente querem.
Reagir à mudança em vez de seguir um plano
As mudanças são uma realidade no desenvolvimento de software, uma realidade que o seu processo de software deve refletir. Um plano de projeto deve ser suficientemente flexível para

mudar, conforme a situação o exija.

**12 princípios do Manifesto Ágil**

1. A nossa maior prioridade é satisfazer o cliente através da entrega antecipada e contínua de software de valor.
2. Aceitar a mudança de requisitos, mesmo no final do desenvolvimento. Os processos ágeis aproveitam a mudança para a vantagem competitiva do cliente.
3. Entregar software funcional com frequência, de algumas semanas a alguns meses, com preferência pelos prazos mais curtos.
4. Os empresários e os programadores devem trabalhar em conjunto diariamente durante todo o projeto.
5. Construa projectos em torno de indivíduos motivados. Dê-lhes o ambiente e o apoio de que necessitam e confie neles para realizarem o trabalho.
6. O método mais eficiente e eficaz de transmitir informações a uma equipa de desenvolvimento e dentro dela é a conversa cara a cara.
7. O software de trabalho é a principal medida de progresso.
8. Os processos ágeis promovem o desenvolvimento sustentável. Os

patrocinadores, os programadores e os utilizadores devem ser capazes de manter um ritmo constante indefinidamente.

9. A atenção contínua à excelência técnica e à boa conceção aumenta a agilidade.
10. A simplicidade - a arte de maximizar a quantidade de trabalho não efectuado - é essencial.
11. As melhores arquitecturas, requisitos e concepções surgem de equipas auto-organizadas.
12. Em intervalos regulares, a equipa reflecte sobre a forma de se tornar mais eficaz e, em seguida, afina e ajusta o seu comportamento em conformidade.

**Principais metodologias ágeis**

Agile é um termo que engloba vários métodos e práticas. Algumas das metodologias mais populares:

1. Scrum
2. Programação Extrema (XP)
3. Desenvolvimento de Software Adaptativo (ASD)
4. Método de desenvolvimento de software dinâmico (DSDM)
5. Desenvolvimento orientado para as

caraterísticas (FDD)

6. Kanban
7. Desenvolvimento orientado para o comportamento (BDD)

**Metodologia Scrum**

A metodologia Scrum é uma estrutura simples para trabalhar com projectos complexos e foi criada por **Ken Schwaber** e Jeff Sutherland. As metodologias ágeis de desenvolvimento de software são iterativas, o que significa que o trabalho é dividido em iterações, que são chamadas Sprints no caso do Scrum. O Scrum é executado por pequenas equipas de 7 a 9 pessoas, incluindo um Scrum Master e um Product Owner. No Scrum, os projectos são divididos em ciclos (normalmente de 2 ou 3 semanas) chamados Sprints. O Sprint representa um período de tempo dentro do qual um conjunto de funcionalidades deve ser desenvolvido. Vários Sprints podem ser combinados para formar uma Release - em que é feita a entrega formal do software/produto ao cliente/mercado. A funcionalidade global do produto é dividida pelo Product Owner em caraterísticas mais pequenas (normalmente descritas como Epics e User Stories - ou apenas Stories). Estas Histórias são priorizadas e desenvolvidas em cada Sprint ou Iteração. A intenção do método é que a equipa seja capaz de demonstrar, no final de cada Sprint, peças funcionais do produto ao Product Owner, para se certificar de que o produto está a funcionar como pretendido. Em geral, o método Scrum divide o longo processo de entrega em cascata em ciclos mais pequenos, o que permite que as equipas de produto e o cliente final revejam frequentemente o software em funcionamento e garantam que este satisfaz os seus requisitos comerciais. Isto garante que o produto final também satisfaz os requisitos finais do cliente. O método Scrum é caracterizado por cerimónias específicas, como a reunião diária de standup, a reunião de revisão do sprint, a demonstração ao proprietário do produto e a reunião de retrospetiva do sprint. Todas estas reuniões proporcionam à equipa oportunidades de colaboração e revisão para garantir que o desenvolvimento está a progredir como pretendido e que quaisquer problemas são resolvidos rapidamente.

**Programação Extrema (XP)**

Extreme Programming (XP) - ou Programação em Pares é uma metodologia desenvolvida por **Kent Beck** no início dos anos 90. Esta metodologia ágil centra-se na melhoria das relações interpessoais como chave para o sucesso no desenvolvimento de software. A XP também se concentra na promoção do trabalho em equipa, na preocupação com a aprendizagem dos programadores e na promoção de um bom ambiente de trabalho. Caracteriza-se pelo facto de os programadores trabalharem em pares, em que um programa enquanto o outro observa; e trocam estes papéis regularmente ao longo do Sprint. Desta forma, permitem uma revisão contínua do código e um feedback que melhora a qualidade do código e a capacidade do programador. O Extreme Programming (XP) promove o feedback contínuo entre o cliente e as equipas de desenvolvimento, a comunicação fluida entre todos os participantes, a simplicidade das soluções implementadas e a disponibilidade para enfrentar mudanças. O XP é especialmente adequado para projectos com requisitos indistintos e altamente variáveis, e onde existe um elevado risco técnico.

**Desenvolvimento de Software Adaptativo (ASD)**

O Desenvolvimento Adaptativo de Software (ASD) foi desenvolvido por **Jim Highsmith** e **Sam Bayer** no início da década de 1990. Incorpora os princípios da adaptação contínua, o que significa que os programadores devem adaptar-se à mudança e não lutar contra ela.

O desenvolvimento de software adaptativo utiliza um ciclo de desenvolvimento dinâmico conhecido como: especular, colaborar e aprender.

Este ciclo é dedicado à aprendizagem constante e à colaboração intensa entre os programadores e os clientes, devido à constante mudança no ambiente empresarial. Ao contrário da maioria das metodologias de desenvolvimento de software que utilizam um ciclo de vida estático, ou seja, Planear-Desenhar-Construir, o ASD oferece um ciclo de vida iterativo não linear, em que cada ciclo pode iterar e ser modificado enquanto outro ciclo está a ser executado. Aponta para o desenvolvimento rápido de aplicações (RAD), que dá ênfase à velocidade de desenvolvimento para criar um produto de alta qualidade e baixa manutenção, envolvendo o utilizador tanto quanto possível. As principais caraterísticas do ASD são:

1. Especular: Esta é a fase de iniciação do projeto em que é necessário estabelecer os principais objectivos e metas do projeto, compreendendo as limitações (áreas de risco) com que o projeto opera.
2. Colaborar: Esta é a fase em que se concentra a maior parte do desenvolvimento, mantendo a coordenação entre as equipas para garantir que o que é aprendido por uma equipa é comunicado às restantes e não tem de ser aprendido novamente por outras equipas a partir do zero.
3. Aprender: A última fase termina com uma série de ciclos de colaboração - o objetivo é captar o que foi aprendido, tanto positivo como negativo. Esta fase é fundamental para a eficácia do projeto.

**Método de Desenvolvimento Dinâmico de Software (DSDM)**

O Método de Desenvolvimento Dinâmico de Software (DSDM) foi desenvolvido no ano de 1994 por um grupo de fornecedores e especialistas no domínio do desenvolvimento de software. O DSDM centra-se em projectos de software que se caracterizam por orçamentos e prazos apertados. Centra-se na entrega frequente de ciclos de produtos, e o desenvolvimento é iterativo e incremental. Com o Método de Desenvolvimento Dinâmico de Software (DSDM), é possível conceber um roteiro de entregas antecipadas e contínuas para o projeto, implementando uma solução incremental, adaptando-se a partir do feedback obtido ao longo do processo e verificando se os benefícios esperados estão a ser alcançados. O DSDM é um modelo ágil que pode, sem dúvida, ajudar as organizações que estão habituadas a trabalhar em projectos a mudar a sua mentalidade e forma de trabalhar para melhorar a sua capacidade de fornecer valor e reduzir o tempo de colocação no mercado.

**Desenvolvimento orientado para as caraterísticas (FDD)**

A metodologia FDD (Feature Driven Development) está principalmente orientada para equipas maiores, com mais pessoas do que aquelas a quem são normalmente aplicadas outras metodologias ágeis, como o Scrum. O FDD foi desenvolvido por **Jeff De Luca** e **Peter Coad** no ano de 1997. Esta metodologia centra-se em iterações curtas, que permitem entregas tangíveis do produto num curto período de tempo (2 semanas). Os projectos com várias equipas e um grande número de pessoas representam o desafio de nem todos serem igualmente talentosos e disciplinados. O FDD inclui actividades específicas que ajudam a resolver os desafios de comunicação e coordenação deste tipo de projectos. O FDD é um processo em 5 fases, sendo as 3 primeiras sequenciais e as duas últimas iterativas (como mostra o diagrama acima). Todas as metodologias ágeis seguem uma série de princípios que as tornam parecidas umas com as outras. O FDD, no entanto, oferece soluções sobre como organizar a equipa e como programar o código, o que o torna especialmente viável para grandes equipas de desenvolvimento que constroem software complexo.

**Método Kanban**

O Método Kanban foi definido por **David Anderson** no início e meados dos anos 2000, em resposta a alguns dos desafios dos vários métodos Agile, especialmente o Scrum. Estes métodos, ao tentarem resolver os desafios dos métodos tradicionais em cascata, tornaram-se vítimas de alguns dos mesmos desafios. O ciclo de sprint de 2-3 semanas tornou-se demasiado longo para esperar em muitos contextos empresariais, as mudanças necessárias na estrutura organizacional (novas funções e responsabilidades) e os processos de gestão de projectos/planeamento colocaram demasiada pressão nas organizações e muitas equipas deram por si a não cumprir os compromissos de âmbito e qualidade ao nível do sprint. Para a maioria das organizações, a implementação destes métodos tornou-se muito disruptiva.

O método Kanban foi definido como o oposto de um método evolutivo e não disruptivo de melhoramento, que permite às equipas produzir continuamente, em vez de em intervalos de tempo de 2-3 semanas, obter feedback mais rapidamente e reduzir o tempo de entrega de valor ao cliente. É um sistema visual para gerir o trabalho à medida que este avança num processo. O Kanban visualiza tanto o processo (o fluxo de trabalho) como o trabalho efetivo que passa por esse processo. O objetivo do Kanban é identificar potenciais estrangulamentos no seu processo e corrigi-los, de modo a que o trabalho possa fluir através dele de forma rentável a uma velocidade ou rendimento ideais. É definido como um sistema de produção altamente eficaz e eficiente. A origem desta metodologia está nos processos de produção "just-in-time" (JIT) concebidos pela Toyota, em que os cartões eram utilizados para identificar as necessidades de material na cadeia de produção.

**Desenvolvimento orientado para o comportamento (BDD)**

O Behavior Driven Development (BDD) é uma metodologia de desenvolvimento ágil orientada para o comportamento. Foi criada por **Dan North** em 2003 como uma evolução da metodologia Task Driven Development (TDD). O objetivo de Dan North era juntar pessoas não técnicas no processo de criação da funcionalidade técnica do sistema. Acontece que quando desenvolvemos software, involuntariamente deixamos de incluir conceitos de negócio presentes na funcionalidade, resultando num possível fluxo para bugs recorrentes e até graves.

Uma decisão importante que tem de ser tomada antes do início do processo de desenvolvimento é a abordagem a utilizar para analisar, conceber e implementar o seu projeto. Estruturada ou orientada para objectos? Algumas pessoas podem escolher a orientação para objectos, enquanto outras podem optar pela metodologia estruturada ou ágil, ou qualquer outra. As razões para justificar esta decisão são discutíveis. Aqueles que escolheram a OO podem apresentar o domínio do paradigma orientado para objectos e das tecnologias com ele relacionadas no mercado e na indústria como argumento para sustentar a sua escolha. Outros podem defender as capacidades técnicas e teóricas do método estruturado. A lista é interminável. Embora estes argumentos e outras razões semelhantes sejam bastante compreensíveis, a resposta a essa pergunta, especialmente no seu caso, não é assim tão direta.

## Seleção de uma metodologia (OO vs. Estruturada)

No momento de escolher um método, deve considerá-lo num contexto específico, que é o do seu projeto aprovado. Deve estar em posição de decidir qual a metodologia a utilizar no seu projeto. Basta descobrir qual é a abordagem mais adequada para realizar o seu projeto. Considere as questões dos parâmetros e condições listados abaixo que o podem guiar na sua decisão.

1. Qual é o seu grau de familiaridade com o método que pretende escolher?
2. Qual é o grau de complexidade do seu projeto?
3. Qual é o método mais adequado para analisar e conceber o seu sistema?
4. Que tipo de ferramentas de desenvolvimento estão disponíveis para utilizar?
5. Existe alguma restrição técnica na definição do seu projeto relativamente à metodologia?
6. Existe alguma metodologia preferida pelo vosso supervisor?

As respostas às perguntas anteriores podem dar uma ideia geral do método preferível para o seu projeto. No entanto, pode encontrar no Quadro 5.3 um parâmetro específico ao qual pode atribuir um valor entre zero e cinco para indicar a medida do parâmetro. Zero (0) significa a taxa mais baixa e cinco (5) a mais alta. Se estiver confuso, peça conselhos ao seu supervisor.

A Tabela 5.3 mostra que o método OO é o ideal para o projeto.

Quadro 4.2 Seleção da metodologia

| Parameters | Methods | |
|---|---|---|
| | OO | Structured |
| Method Familiarity | 3 | 2 |
| Method Suitability for project | 3 | 4 |
| Tools availability | 5 | 3 |
| Forced by project specification | 3 | 0 |
| Methodology Preference by Supervisor | 4 | 0 |
| Result | 18 | 9 |

No entanto, há outras preocupações que devem ser tidas em conta. Será que só existem duas opções? Podemos decidir adotar outra abordagem? Podemos tirar partido tanto dos métodos orientados para os objectos como dos métodos estruturados? O seu supervisor pode ajudar a resolver estas questões.

## Uma abordagem de modo misto

Muitos projectos de licenciatura não lidam com sistemas complexos e não utilizam objectos complexos. A funcionalidade do sistema pode não ser difícil de compreender. O objetivo dos projectos é levar os estudantes a compreender como se desenvolvem os sistemas de uso geral e a utilizar os seus conhecimentos para construir um novo sistema a partir do zero. Muitos destes sistemas utilizam algum tipo de base de dados criada e actualizada pelos utilizadores. Normalmente, fornecem diferentes tipos de relatórios e resultados com base na sua funcionalidade. A análise e a conceção dos projectos dos alunos centram-se na interface com o utilizador e na conceção da base de dados, não sendo necessária uma abordagem avançada de orientação para objectos. No entanto, um aspeto da orientação para objectos, a modelação de casos de utilização, deve ser considerado como uma ferramenta poderosa que torna a gestão de requisitos, a análise e a conceção da interface do utilizador sólidas e flexíveis.

A utilização da modelação de casos de utilização foi introduzida por Ivar Jacobson. Jacobson é um dos pioneiros da orientação a objectos e membro do Gang of Three (incluindo Grady Booch e James Rumbaugh). A Modelagem de Casos de Uso tem se tornado um instrumento poderoso em diferentes etapas do desenvolvimento de software, desde os anos 1990. Este modelo provou ser um instrumento fiável, fácil de utilizar, flexível e poderoso para captar e modelar os requisitos de software. A independência do modelo em relação a outras secções da conceção confere-lhe a flexibilidade necessária para ser utilizado tanto na abordagem orientada para os objectos como na abordagem estruturada do desenvolvimento de software. É por isso que, quando é utilizado com a abordagem tradicional (estruturada), o resultado é um método de modo misto. Neste livro, a Modelagem de Casos de Uso substituirá os tradicionais Diagramas de Fluxo de Dados (DFDs).

A abordagem de modo misto utiliza a Modelagem de Casos de Uso em quatro etapas do desenvolvimento do seu software, que são: Gerenciamento de Requisitos, Análise, Design da Interface do Usuário e Testes. Também o ajuda durante a conceção da base de dados e a compilação do guia do utilizador. Como é óbvio, este método não enfatiza muito a Modelação de Classes e a Modelação de Objectos, que continuam a ser modelos necessários; por isso, pode utilizar ferramentas de desenvolvimento e ambientes de programação num método tradicional e estruturado. No entanto, isso não significa que não possa utilizar aspectos orientados para os objectos no seu ambiente de desenvolvimento.

Se procura uma forma de evitar a complexidade da conceção e desenvolvimento orientados para os objectos, este método elimina essa complexidade e permite-lhe implementar o seu sistema de uma forma mais simples.

## Capítulo 6: Gestão de requisitos

Um sistema é construído com base em requisitos/funcionalidades estabelecidos. Não há dúvida de que a falta de uma gestão adequada dos requisitos tem sido um dos principais factores responsáveis pelo fracasso dos projectos de software e de tecnologias da informação. Para que qualquer projeto de software seja bem sucedido, o programador deve ser capaz de compreender os requisitos do utilizador e implementar o sistema de modo a satisfazer esses requisitos. As partes principais (o proprietário do projeto e os programadores) têm de chegar a acordo sobre uma espécie de contrato no âmbito do qual articulam com precisão o que o proprietário pretende e o que o programador deve fazer. Uma situação semelhante aplicar-se-ia ao seu projeto de final de curso. Na realidade, não há nenhum projeto de estudantes que não deva ter um proprietário. O proprietário pode ser a escola/departamento, se foi ela que propôs o projeto, ou se o aluno o desenvolveu para o departamento como um estudo de caso. A organização utilizada como estudo de caso é, por um lado, o proprietário do projeto, enquanto o aluno que realiza o projeto pode ser referido como o criador do projeto.

Para gerir os requisitos do seu projeto, tem de

articular as necessidades do projeto de uma forma formal e precisa. Presumo que tenha recebido formação adequada sobre a gestão dos requisitos e as categorias de requisitos. Além disso, presumo que tenha aprendido diferentes técnicas sobre como identificar os requisitos, como colocá-los numa categoria específica e como utilizá-los durante as fases seguintes do desenvolvimento do software. Por conseguinte, não tenciono repetir estes assuntos em pormenor. Em vez disso, nas secções seguintes, explicarei brevemente uma abordagem personalizada à gestão de requisitos que se adequa melhor aos projectos do último ano.

**Especificação de requisitos**

O objetivo principal de um projeto CST é uma breve explicação, na maior parte das vezes numa frase, através da qual o aluno explica o que pretende realizar. Esta explicação deve ser tão precisa e livre de ambiguidades quanto possível. As metas e os objectivos de um projeto ajudam-nos a especificar os requisitos. É como um resumo executivo do projeto. Embora a definição do objetivo de um projeto de fim de curso seja muito importante, o período em que este projeto tem de ser concluído tem um papel a desempenhar, porque o período académico não pode ser prolongado e ninguém pode ser acrescentado ao seu projeto. Estudar os exemplos de boas e más especificações de requisitos.

## Quadro 6.1 Quadro de requisitos

| S/N | Aim | Objectives | Comment |
|---|---|---|---|
| 1 | The project aims to develop a system for the Polytechnic Payroll, which fulfills the following requirements: | i. To keep and maintain all payroll records.<br>ii. To keep track of the employed staff<br>iii. To keep and maintain payrolled members information.<br>iv. To provide different reports. | Poorly specified.<br><br>The levels of the functionalities are not clear.<br><br>Objectives should be specific and accurate as possible. This way the requirements can be quantifiable, manageable, testable, and traceable. |
| 2 | The project aims to develop a speech recognition system for a specific language. The system should be able to do the following: | i. Understand different speeches<br>ii. Show the spoken sentences in a word processor | |
| 3 | The project aims to develop a system for a | 1. To create and maintain payroll system based on | Good specifications. |

| | | | |
|---|---|---|---|
| | Polytechnic Payroll, which fulfills the following requirements: | CONPCASS salary structure.<br>2. To record all staff on payroll for at least one year.<br>3. To keep and maintain staff members earning information. The staff members should be classified baseon their designation i.e. graduate assistant, Assistant Lecturer, lecturer III, lecturer II, lecturer I, Senior lecturer, and Chief lecturer.<br>4. To provide reports on payslip, salary deductions, and bank schedule. | The levels of the functionalities are clear.<br><br>Objectives are specific and accurate as possible.<br><br>The requirements can be measurable, quantifiable, manageable, testable, and traceable. |
| 4 | The project aims to develop a speech recognition system for a specific language. The system should be able to do the following: | i. Understand dialect A and B of the language.<br>ii. Understand a mature female and male voice.<br>iii. Show the spoken sentences in MS-Office word processor. | |

**Tipos de requisitos**

Foram concebidos vários modelos e abordagens para ajudar os programadores e os utilizadores a compreenderem a natureza dos requisitos e a categorizá-los de forma a orientar o projeto para a produção de um sistema que mantenha um nível de qualidade acordado (padrão). Os requisitos podem ser categorizados da seguinte forma:

- Funcionalidade
- Usabilidade
- Fiabilidade
- Desempenho
- Capacidade de suporte

É de notar que existem outros domínios, como a conceção, a aplicação e os requisitos físicos.

Num projeto de final de curso, a funcionalidade desempenha o papel principal. Por conseguinte, é necessário prestar mais atenção a este aspeto. Se o seu sistema for de uso geral, pode classificar o resto como requisitos não funcionais. Consulte o seu supervisor se estiver confuso quanto à categoria de requisitos a privilegiar no seu projeto.

**Requisitos funcionais**

Os requisitos funcionais são as caraterísticas do sistema através das quais o sistema cumpre as principais responsabilidades que se espera que cumpra. Espera-se que convença o examinador de que o produto do seu projeto de fim de curso pode fazer o que pretende, para além de mostrar que também teve em conta os requisitos não funcionais.

**Priorização de requisitos**

O principal objetivo da priorização dos requisitos é permitir que os programadores e os clientes cheguem a um acordo sobre as sequências do processo de implementação. Os requisitos podem ser expressos como histórias de utilizador para permitir ao programador saber o que fazer. Para simplificar a classificação dos requisitos, estes podem ser classificados em requisitos funcionais e não funcionais. Estes incluem as funções que o sistema deve ter e as que são desejáveis mas que podem não ser implementadas devido a restrições de tempo. Cada ator deve ter uma lista de requisitos dividida em três secções:

1. Histórias para o produto mínimo viável (MVP), que incluem requisitos considerados imperativos para serem implementados

dentro do prazo de desenvolvimento fixado; isto forma o grupo de funcionalidades OBRIGATÓRIAS por ordem de importância.

2. Histórias de funcionalidade alargada, que incluem caraterísticas que melhoram o aspeto do sistema, facilitam a sua utilização ou acrescentam funcionalidades adicionais que melhoram as caraterísticas das histórias MVP; formam um grupo de funcionalidades SHOULD HAVE por ordem de importância.
3. Histórias de prioridade mais baixa, que incluem requisitos que enriqueceriam a experiência do utilizador, mas cuja implementação é considerada menos urgente do que a das histórias de funcionalidade alargada. Isto forma o grupo de funcionalidades NICE TO HAVE por ordem de importância.

A funcionalidade alargada e as histórias de prioridade mais baixa serão implementadas no sistema se o estudante investigador/desenvolvedor terminar a construção do MVP com tempo de sobra. Se os recursos de tempo se esgotarem, não se espera que os estudantes investigadores/desenvolvedores implementem estas histórias.

Esta classificação será capaz de lidar com questões como:

1. Quais são as principais funcionalidades que DEVEM funcionar antes do prazo do projeto?
2. Qual é a sequência de dependência entre as diferentes caraterísticas?

As respostas a estas perguntas ajudam os programadores a planear o desenvolvimento iterativo e incremental. As funcionalidades principais (MVP) têm a prioridade mais elevada, seguidas das funcionalidades alargadas. As funcionalidades de prioridade mais baixa vêm em último lugar na hierarquia de prioridades.
A abordagem é igualmente aplicável a muitos outros projectos reais de pequena escala.

Não se esqueça de atribuir um número de sequência a cada requisito. Pode utilizar dois estilos diferentes: ou atribui uma letra de prefixo a cada categoria, ou seja, M para "Tem de ter", S para "Deve ter" e N para "É bom ter" e recomeça a partir de um em cada categoria ou começa simplesmente a partir de um e avança. Deve haver uma sequência que mostre o percurso do seu desenvolvimento. Uma boa prática seria organizar os requisitos relacionados de forma a mostrar a estrutura geral do sistema. Estudar o exemplo abaixo.

Quadro 6.2 Priorização dos requisitos (amostra A)

| ID | Requirements | Importance |
|---|---|---|
| 1 | To **create** and maintain payroll system based on CONPCASS salary structure | Must have |
| 2 | To **record** tax and union dues for at least one year . | Must have |
| 3 | To keep and maintain staff members information. The members should be **classified** baseon their designation i.e. graduate assistant, Assistant Lecturer, lecturer III, lecturer II, lecturer I, Senior lecturer, and Chief lecturer. | Must have |
| 4 | To **provide reports** on: pay slip, salary deductions, and bank schedule. | Must have |
| 6 | To **notify** new staff members on enrollment in Payroll system by email, automatically. | Should have |
| 7 | To **notify** staff members on record update, yearly. | Should have |
| 8 | To **notify** staff members on availability of payslip on mobile phone, automatically. | Nice to have |

Quadro 6.3 Priorização dos requisitos (amostra B)

| ID | Requirement | Importance |
|---|---|---|
| 1 | Understand dialect A and B of the language. | Must have |
| 2 | Understand a mature female and male voice. | Must have |
| 3 | Show the spoken sentences in MS-Office word processor. | Must have |
| 4 | Understand academic vocabulary with an error-rate less than 20 words per 300 words page. | Must have |

Como pode ver, a Tabela 6.2 inclui requisitos com diferentes níveis de importância, dos quais os primeiros 4 são da sua obrigação, podendo fazer o resto de acordo com as regras que foram discutidas. Mas, na segunda amostra, Tabela 6.3, todos os requisitos devem ser cumpridos.

Quadro 6.4 Requisitos do sistema de comércio eletrónico

| ID | Details | Importance |
|---|---|---|
| 1 | The E-Commerce System shall **display** a list of all products offered by Clear View Training Limited. | Must Have |
| 2 | The E-Commerce System shall **organise** the list of products by product category | Must Have |
| 3 | The E-Commerce System shall **display** detailed product descriptions consisting of name, photograph, price and description on demand. | Must Have |
| 4 | The E-Commerce System shall **display** the number of items currently in the shopping basket on each page of the catalog. | Should have |
| 5 | The E-Commerce System shall **accept** all major credit cards. | Must Have |
| 6 | The E-Commerce System shall **validate** payment with the credit card processing company | Must Have |
| 7 | The E-Commerce System shall automatically **calculate** and **add** a shipping charge to the order. | Should have |
| 8 | The E-Commerce System shall automatically **calculate** and **add** tax to the order. | Should have |

O quadro 6.4 mostra alguns dos requisitos do sistema de comércio eletrónico, com diferentes níveis de importância e palavras-chave de funcionalidade específicas.

## Capítulo 7: Conceção da base de dados

A conceção de bases de dados desempenha um papel importante nos sistemas de aplicação. Quase todos os cursos/programas relacionados com o desenvolvimento de software e as tecnologias da informação incluem, pelo menos, um curso/módulo centrado nos sistemas de bases de dados. Aqui espera-se que aplique os conhecimentos que adquiriu sobre o assunto e que os utilize corretamente no seu projeto de fim de curso.

### O que é o DBMS

O Sistema de Gestão de Bases de Dados (SGBD) é um sistema de software que permite ao utilizador gerir a construção, atualização, controlo de acesso e manutenção de bases de dados. Os exemplos incluem: My SQL, MS SQL, MS Access, Oracle, etc. É de notar que alguns Sistemas de Gestão de Bases de Dados são software proprietário, enquanto outros são de código aberto. Pode ser necessário selecionar um SGBD ideal como ferramenta de base de dados para o seu projeto de fim de curso, caso pretenda desenvolver uma aplicação de base de dados.

Como selecionar um SGBD para o seu projeto

1. Escolha um SGBD com o qual esteja muito

familiarizado.
2. Evite bases de dados de pequena/média escala como o MS Access.
3. Selecione bases de dados de grande escala como My SQL, MS SQL para maior flexibilidade e conveniência.
4. Na sua seleção, tenha em conta o custo e a disponibilidade do SGBD.

## Tipos de DBMS

Os Sistemas de Gestão de Bases de Dados Relacionais (SGBDR) são os SGBD mais populares para projectos escolares. A sua popularidade, tanto no mercado como no ensino, faz deles a primeira escolha para os projectos de final de curso. No entanto, os sistemas de gestão de bases de dados orientados para objectos (OODBMS) são utilizados por algumas pessoas no passado recente. O Object Store é um exemplo típico que pode ser obtido em linha.
Fazer uma escolha entre RDBMS e OODBMS pode ser uma tarefa difícil, mas se a sua metodologia não for orientada para os objectos deve evitar OODBMS, a menos que esteja condicionado a utilizar OODBMS.

### Modelação de dados

A modelação de dados, também conhecida como

conceção concetual de bases de dados, é importante nas aplicações de bases de dados. Esta tarefa tem os seus próprios desafios. A frequência de um módulo/curso sobre conceção de bases de dados pode ser útil para modelar a conceção da base de dados no seu projeto de fim de curso. Estuda alguns dos conselhos que se seguem.

**Dicas de modelação de dados**

1. Aplicar regras de normalização até à 3ª forma de normalização.
2. Utilize uma ferramenta automatizada para o seu modelo de dados.
3. Utilizar nomes compreensíveis para relações/tabelas e atributos/campos.
4. Utilizar tipos de dados corretos e aplicar as restrições e regras fornecidas pelo SGBD, como o Not Null.
5. Utilizar a nomenclatura correta para chaves estrangeiras, tabelas de ligação e relações.
6. Teste a sua conceção executando alguns comandos de Linguagem de Consulta Estruturada (SQL) nos dados fornecidos.

Se utilizou a metodologia tradicional (estruturada), tem de desenhar um Diagrama Entidade-Relacionamento (ERD). Este diagrama deve mostrar o seu modelo de dados normalizado. No entanto, se utilizou a metodologia orientada para objectos, deve saber como mapear o seu modelo de classes para um ERD. A maioria dos IDEs e ferramentas de desenvolvimento tem ferramentas, complementos e recursos para ajudar no processo de mapeamento. Estas ferramentas simplificam o seu trabalho e tornam-no mais fácil. Basta usar os recursos que elas fornecem. No entanto, se não dispuser de uma ferramenta automatizada para o fazer, pode encontrar abaixo algumas regras para mapear manualmente um modelo de classes para um diagrama eletrónico.

**Mapeamento de um diagrama de classes em um diagrama ER**

1. Indique a sua classe persistente, por exemplo, utilizando um estereótipo persistente.
2. Crie uma Entidade para qualquer classe persistente, dando o nome da classe. Mapeie todos os membros de dados da classe como atributos da Entidade criada.
3. Atribuir o mesmo tipo de dados, ou equivalente, aos atributos.
4. Faça com que a identidade da classe (ID) seja a chave primária da entidade.
5. Mapear associações, agregações e composições para relações e utilizar IDs de classe como Foreign

   Chaves.

6. Alterar as relações de generalização/especialização do modelo de classe para relações de superclasse/subclasse e aplicar as regras ERD em conformidade.
7. Mapear as multiplicidades das associações para as cardinalidades equivalentes no diagrama eletrónico.

**Conceção da base de dados**

A conceção da base de dados é geralmente designada por conceção física da base de dados ou conceção do ficheiro de entrada, que é semelhante ao modelo de dados. O modelo de dados é um modelo independente do SGBD, enquanto a conceção da base de dados deve ser preparada de acordo com um SGBD específico. A conceção da base de dados contém: tipos de atributos, comprimento, tipos de chaves, valores por defeito dos atributos e outros campos necessários, que podem variar de um SGBD para outro, embora estas ligeiras diferenças possam fazer com que a sua conceção funcione num SGBD, mas falhe noutro.

**Utilização de procedimentos armazenados e accionadores**

O procedimento armazenado é um procedimento específico que é escrito em SQL (Standard Query

Language) como um item da base de dados. Os procedimentos armazenados podem realizar

requisitos relacionados com a base de dados de forma eficiente. No entanto, embora façam parte da base de dados, muitos especialistas classificam-nos no nível da lógica empresarial numa arquitetura de software de três ou várias camadas. Os procedimentos armazenados são independentes de tabelas específicas.

O Trigger é uma parte do SQL, que pode executar uma sequência de acções se uma ação como Criar, Atualizar e Eliminar ocorrer numa tabela específica.

Se o seu projeto fosse uma aplicação de base de dados e se o seu SGBD suportasse procedimentos armazenados e accionadores, seria uma boa prática utilizar estas caraterísticas. Neste caso, não se esqueça de documentar corretamente os procedimentos armazenados e os accionadores e de os fornecer como parte dos documentos suplementares no seu relatório final.

## Capítulo 8: Aplicação

A implementação significa aqui a fase de programação do desenvolvimento de software. Também pode ser utilizado como instalação e preparação do sistema noutro contexto.
A análise e a conceção podem ser designadas por diagramas em papel ou electrónicos. A fase de implementação centra-se na programação. No entanto, ainda é possível realizar algumas actividades de conceção e até de análise.

Nos projectos de desenvolvimento de software e de tecnologias da informação, é necessário analisar e conceber tudo antes de iniciar a implementação. Por exemplo, uma equipa de engenharia civil desenha todas as suas plantas antes de construir uma estrutura: uma casa ou uma ponte. Caso contrário, pode acabar numa catástrofe e não no que se esperava. A mesma analogia aplica-se a um projeto de informática. A implementação deve basear-se na conceção.

Para que a fase de implementação seja um sucesso, o primeiro passo é decidir que tipo de ferramentas e que ambiente de programação vai utilizar. De facto, já deveria ter decidido e documentado este aspeto nas fases anteriores, tal como discutido na fase de conceção. Existem muitas linguagens e ambientes de programação disponíveis. A decisão sobre qual delas escolher pode não ser assim tão fácil. Neste capítulo, vamos concentrar-nos neste assunto e dar algumas dicas.

## Ferramentas e ambiente de implementação

A implementação de software inclui várias actividades, das quais a programação e a depuração são consideradas as actividades principais. Para programar, é necessário utilizar uma linguagem de programação, e por vezes mais do que uma. Tem de "escrever" o seu programa, compilá-lo, ligar diferentes partes do mesmo, integrá-lo numa base de dados, se esta tiver uma, e executá-lo (run it). Terá de encontrar erros (debug) e corrigi-los e, por fim, disponibilizar o produto ao seu cliente (a sua escola ou departamento).

### Linguagens de programação

Existem muitas linguagens de programação, editores e compiladores relacionados. Linguagens como C++, Java, Python, PHP, etc. são todas opções para implementação. Alguns destes produtos são software proprietário (licenciado), enquanto outros são de código aberto. Muitas destas linguagens foram retiradas ou tornaram-se obsoletas com o tempo. No entanto, algumas conseguiram manter-se graças à investigação e atualização constantes. De facto, estas linguagens resistentes adaptaram-se ao ambiente, evoluindo para gerações superiores ou devido a outras razões científicas ou práticas, como o facto de haver uma grande quantidade de software implementado nestas linguagens, que têm sido amplamente utilizadas. Tendo sido exposto a algumas destas linguagens, chegou o momento de selecionar uma que seja ideal para implementar o seu projeto.

**Programação orientada a objectos vs. programação estruturada**

Embora estejamos a falar de linguagem de programação na fase de implementação, espera-se que decida qual a ferramenta e a linguagem de programação que vai utilizar no seu projeto durante as fases anteriores. Tal como acontece com outras ferramentas de desenvolvimento, que discutimos nos capítulos anteriores, deve ter em conta vários factores ao decidir sobre esta questão.

> Normalmente, um projeto de final de curso pode ser orientado para objectos ou estruturado. Pese bem as suas opções e tome uma decisão, mesmo que queira utilizar qualquer outra que não esteja mencionada nesta lista.

## Software de código aberto

O software livre para descarregar e utilizar tornou-se uma forte realidade no domínio do desenvolvimento de software, apesar de muitos anos de discussões e argumentos entre as comunidades de software proprietário (licenciado) e de código aberto.
No entanto, algumas diferenças podem ser mais importantes quando se está a escolher software de fonte aberta. Por exemplo, escolher uma versão estável e, de preferência, de um fornecedor e recurso bem conhecidos.

## Desenvolvimento integrado do ambiente

Os ambientes de desenvolvimento integrado (IDE) começaram em meados da década de 1970 e evoluíram gradualmente para ferramentas e ambientes robustos de desenvolvimento de software. Isto permitiu que os programadores realizassem as suas actividades de uma forma mais eficiente. No entanto, embora programar sem utilizar IDE possa ser uma tarefa muito complicada, por um lado, a utilização de IDE exige formação adequada e familiaridade com a ferramenta, por outro. Os IDE fornecem quase todas as ferramentas de que necessita para desenvolver os seus sistemas, tais como criadores de projectos, editores inteligentes, compiladores, depuradores, testadores, integradores de bases de dados, ferramentas de gestão da configuração, etc., tudo num só pacote.

## Considerações sobre os IDEs

Enquanto estudante de projeto, não basta selecionar uma linguagem de programação sem ter em devida conta factores como: Estar familiarizado com a linguagem de programação, IDE, especificação técnica do seu projeto, disponibilidade de ajuda quando necessário, definição sobre a implementação, e preferência ou bónus de avaliação na escolha de uma ferramenta específica. Também se espera que saiba qual será a eficiência da linguagem de programação no projeto.

Se tiver mais do que um IDE a considerar, o quadro 8.1 seguinte pode ser útil. Para cada parâmetro, pode fornecer um valor entre zero e cinco para indicar a medida do parâmetro. Zero significa a taxa mais baixa e cinco a mais alta. Estude a amostra e crie a sua própria tabela. O seu supervisor poderá ajudá-lo em caso de dúvidas.

A Tabela 8.1 apresenta um estudo de caso em que

estão a ser consideradas três ferramentas: ferramentas X, ferramentas Y e ferramentas Z. Sinta-se à vontade para usar ferramentas reais, se quiser. Por exemplo, pode utilizar o Microsoft Visual Studio, o Eclipse, o Interactive Ruby, o XAMPP, o WAMP, etc. O resultado é expresso em fração para que possa comparar o resultado.

**Quadro 8.1** Escolha de uma ferramenta de implementação

| Implementation Tools / Parameters | Tool X | Tool Y | Tool Z |
|---|---|---|---|
| **Familiarity with the method** | 4 | 4 | **2** |
| **Suitability for the project** | 4 | 4 | **2** |
| **Tools availability** | 5 | 1 | **4** |
| **Forced by project specification** | 4 | 0 | **2** |
| **Affects project evaluation** | 4 | 0 | **1** |
| **Result** | **21/25** | **9/25** | **11/25** |

A Tabela 8.1 mostra que a ferramenta X obteve um total de 21 pontos contra 9 e 11 das ferramentas Y e Z, respetivamente. Isto implica que a ferramenta X deve ser adoptada porque não existem obstáculos conhecidos em todos os parâmetros avaliados.

## Personalização

Existem muitos programas informáticos de fonte aberta que podem ser descarregados em linha. Alguns contêm um quadro completo de soluções para um ou outro problema e fornecem-lhe meios que pode utilizar para o alterar e personalizar de modo a criar o seu próprio sistema. Antes de utilizar estas soluções prontas a utilizar, deve certificar-se de que a sua escola/departamento e o seu supervisor são devidamente consultados para aprovação.

**Considerações sobre a personalização**

1. Procure obter aprovação para saber se pode fazer um projeto de personalização como projeto de fim de curso.
2. Até tu podes mudar de ideias, se for possível, caso contrário:
3. Acrescentar novas funcionalidades que a solução existente não oferece.
4. As funcionalidades devem ser requisitos "obrigatórios".
5. O relatório do projeto não deve conter plágio

**Localização**

A localização de software é um processo de modificação de software já existente noutro ambiente cultural, de modo a que esteja pronto a ser utilizado num novo ambiente. Este processo pode visar diferentes aspectos do software, ou seja, a língua, a cultura e o fluxo de trabalho do processo. Por vezes, este conceito vem acompanhado de internalização, o que significa tornar o software local pronto a ser utilizado num contexto e ambiente sociocultural mais diversificado. Consulte o seu supervisor antes de se lançar neste tipo de projeto.

## Capítulo 9: Testes

O teste de software é um processo que tem por objetivo eliminar a diferença entre a funcionalidade prevista e a resposta observada da funcionalidade em construção. Na prática, o teste começa durante a análise e mantém-se como uma atividade contínua ao longo de todo o processo de desenvolvimento. Não deve ser entendido como uma atividade posterior à construção do sistema, mas sim como uma atividade que decorre paralelamente a todas as fases do desenvolvimento do software, desde a análise. A discussão centrar-se-á no seu projeto de final de curso e na forma como pode adaptar o processo de teste ao mesmo.

### Processo de teste

O teste é um processo que normalmente deve receber algumas entradas, processá-las e fornecer algumas saídas. Inclui várias actividades, que devem ser realizadas em diferentes fases do desenvolvimento do software. No entanto, como já foi referido, as actividades principais serão realizadas durante a fase de teste. Normalmente, são necessárias várias especialidades diferentes para que o processo de teste seja realizado. Mas, mais uma vez, não estamos a discutir o processo fora do contexto dos projectos do último ano. Consequentemente, espera-se que desempenhe a maior parte das funções necessárias neste processo.

De facto, deve conceber casos de teste, fornecer cenários de teste, recolher e organizar dados de teste, realizar o teste e documentar o resultado.
Factores como: a dimensão, os recursos humanos, o tempo e o nível de complexidade do sistema afectam o processo de teste. O teste de regressão pode ser efectuado, o que significa que tem de repetir os testes que efectuou anteriormente se algo mudar no seu sistema para evitar o inesperado.

Os testes podem ser "automatizados", o que significa que ou se utilizam ferramentas automatizadas para testar o sistema ou se criam os programas necessários para efetuar os testes automaticamente. Pode adotar um processo de teste automatizado se for necessário no seu projeto de fim de curso. Normalmente, os testes manuais são suficientes. Lembre-se que o importante nos testes é verificar se o sistema satisfaz as necessidades do utilizador final ou do cliente para quem o sistema é desenvolvido, tal como estipulado no documento de requisitos.

**Técnicas de teste**

Os testes foram classificados em várias categorias ou técnicas. A Tabela 9.1 apresenta diferentes técnicas de teste, a fim de fornecer informações gerais sobre os testes.

Tabela 9.1 Técnicas de ensaio

| S/N | Things to Test | Testing Technique |
|---|---|---|
| 1 | Ensure that all of the code has been covered properly during testing | White-box techniques: statement, decision, condition, multiple condition coverage |
| 2 | Test the requirements for completeness and accuracy | Structured walkthrough |
| 3 | Test functional requirements for end-to-end business process | High-level integration tests based on business use cases |
| 4 | Test the system's response to simple conditions | Condition response tables |
| 5 | Test the system's response to a group of input conditions that might occur in any combination | Decision tables, decision trees |
| 6 | Design test data most likely to uncover bugs | Boundary-value analysis |
| 7 | Test how the system | Volume test (a type of |

| | | |
|---|---|---|
| | handles high volume | system test) |
| **8** | Test how the system handles a high level of activity within a short period of time | Stress test (a type of system test) |
| **9** | Test for user-friendliness | Usability test (a type of system test) |
| **10** | Test speed | Performance test (a type of system test) |
| **11** | Ensure processes that should remain unaffected by the release work as before | Regression test (a type of system test) |
| **12** | Submit the system for final acceptance by the user | User acceptance testing (UAT) |
| **13** | Test the units of the system | Unit testing |
| | Test the components of the system | Component test |
| **14** | Test system for security issues | Security test |

Para o seu projeto de fim de curso, um passo a passo estruturado deve ser suficiente para testar o sistema antes da entrega final, exceto se tiver de realizar outros testes.

Outros testes selectivos são: Teste de Interface, Teste de Componente, Teste de Unidade, Teste de Integração e Teste de Segurança. Além disso, em alguns casos, pode combinar estes testes. Por exemplo, pode incorporar a análise do valor-limite no passo a passo estruturado.

## Percurso estruturado

O teste, enquanto processo, não envolve apenas a execução de um programa pelo computador. No entanto, alguns sistemas podem ser testados desta forma, o que se designa por testes baseados em computador. No entanto, os testes também incluem testes não baseados em computador. Para testar um sistema sem o executar efetivamente, é necessário percorrer alguns aspectos do sistema manualmente com um grupo de participantes. O método formal para o fazer é o walkthrough estruturado. Um passo-a-passo estruturado é um processo de revisão por pares para testar a integridade e a exatidão de um projeto em conformidade com os requisitos. As orientações tendem a encontrar a causa de um problema, bem como o seu sintoma.

**Caso de teste**

Um caso de teste é um documento que explica como um produto de software seria testado em relação a um requisito específico , a fim de comparar o requisito com o que o sistema pode fazer para localizar a variação no comportamento do sistema. Se não houver variação, o sistema passa no teste, caso contrário, o sistema falha no teste. Para grandes projectos, é necessário ter documentos formais para os casos de teste. Foram sugeridos diferentes modelos pelos especialistas na matéria. Nalguns contextos, também se pode encontrar "Test Suite". Os conjuntos de testes referem-se a documentos que normalmente incluem vários casos de teste relacionados. Por agora, não precisa de se preocupar com isso. Abaixo está o exemplo de um caso de teste.

Tabela 9.2 Caso de teste (login)

| Test Case | | | | | |
|---|---|---|---|---|---|
| **ID** | Test Case Name | Test Subject | Test Sequence | Test Data | Req/ UC ID |
| **1** | Test Login | Screen | Click on "login" button. | **First testcase scenario**: | 1 |
| | | | | username: Tony | |
| | | | Enter all required data. | Password: Amadi | |
| | | | Click on "login" button. | ***Expected Result:*** login Successful | |
| | | | | **Second testcase scenario**: enter same data for username, but "Ama" as password | |
| | | | | ***Expected Result: Invalid username or password.*** | |

**Cenário de teste**

Os casos de teste e os cenários de teste podem parecer confusos, mas eis a diferença. O caso de teste explica como um teste deve ser efectuado, enquanto o cenário de teste explica como aplicar essas explicações do caso de teste num contexto específico e com dados específicos. Para ilustrar, um caso de teste que tem como objetivo testar uma função de início de sessão (um requisito com ID = 1. A Tabela 9.3 mostra dois cenários de caso de teste: Dados de login com nome de usuário e senha corretos e dados de login com nome de usuário correto, mas senha errada. A expetativa é que o primeiro cenário passe no teste de login e o segundo falhe. Se o segundo cenário também conseguir fazer o login do utilizador, então deve haver um erro nesta função que precisa de ser corrigido. Os cenários de teste podem ser criados para testar qualquer funcionalidade.

**Dados de teste**

Os dados de teste são os dados utilizados para efetuar o teste. O teste deve ser preparado de forma a abranger diferentes casos. É necessário esperar o comportamento do sistema com base em diferentes entradas. É utilizado para prever a resposta do sistema aos dados introduzidos. Isto determinará se o sistema se está a comportar como esperado ou não.

Os dados de teste determinam se um sistema passará num teste ou falhará. Manipular os dados de teste para criar diferentes cenários e avaliar o comportamento do sistema é importante. O seu projeto de último ano tem de ser testado em diferentes cenários de dados de teste. Nos projectos comerciais, a preparação dos dados de teste é uma atividade altamente profissional e requer mais esforço para ser realizada.

**Sugestões sobre dados de teste**

- Fornecer dados de teste diferentes para cenários de teste diferentes.

- Se os dados forem numéricos, devem ser cobertos:

  - Limite inferior (por exemplo, se se tratar de um atributo monetário com 8 dígitos e sem fracções, deve ter 0, 1, 2, por exemplo)

  - Médio (por exemplo, 55.870,20 e 11.659,450)

  - Limite superior (por exemplo, 88,999,999 e 99,999,999)

- Negativos (por exemplo, -1)

- Se os dados forem alfanuméricos, devem ser cobertos:

  - Comprimento máximo previsto
  - Amostras alfanuméricas mistas
  - Vazio (em branco)

- Se os dados são uma imagem, têm de ser cobertos:

  - Imagens maiores do que a área especificada
  - Imagens que se enquadram exatamente na área
  - Imagens demasiado pequenas para serem utilizadas

**Resultados dos testes**

Um documento de resultados de teste mostra o resultado de um teste em todos os cenários de teste. A Tabela 9.3 mostra que os dados foram organizados em diferentes cenários. Foram apresentados dois cenários como exemplo. Após a realização do teste, o resultado foi documentado.

Tabela 9.3 Resultado do teste

| Test Results | | | |
|---|---|---|---|
| **Test Case ID** | Attempt | Scenario | **Result** |
| 1 | 1 | 1 | **Pass- login was successful** |
| 1 | 1 | 2 | **Fail – login was not successful** |

**Teste orientado para objectos**

Embora os fundamentos do processo de teste de software sejam independentes da implementação do software, as técnicas usadas em diferentes paradigmas de desenvolvimento são diferentes. A Tabela 9.4 mostra uma lista de categorias de testes que podem ser feitos num sistema orientado a objectos.

Quadro 9.4 Categorias de testes orientados para objectos

| Object Oriented Tests | What to test for |
|---|---|
| **Class Test** | Tests implemented classes, data layer and presentation layer. |
| **Package Test** | Tests the input/output of packages and their communication with other parts of system. |
| **Interface Test** | Tests interfaces to make sure that they do what they are expected to do; and do not do anything else which leads to the breaching of Object-Oriented rules. |
| **Validation and Verification** | Tests whether you are developing the right system-Validation; and whether you are developing the system right-Verification; for quality control purposes. |

## Capítulo 10: Redação de relatórios

Presumivelmente, pensa que escrever o relatório do seu projeto de fim de curso é o último passo que deve dar. Embora esta suposição esteja parcialmente correta, não deve, no entanto, levá-lo a adiar a atividade de redação do relatório para o último minuto da sua agenda. De facto, tem de começar a escrever o seu relatório desde as primeiras fases do seu projeto. A tarefa de redação do relatório é considerada como uma tarefa que deve ser realizada em simultâneo com outras tarefas. Isto significa que o seu relatório é gradualmente completado em conjunto com outras actividades que realizaria durante o processo de desenvolvimento. É evidente que, à medida que se aproxima do final do projeto, o tempo e o esforço que dedica a esta tarefa aumentam.

A maior parte das escolas/departamentos fornecem-lhe um modelo com base no qual deve preparar o seu relatório final. Estes modelos podem diferir em termos de pormenor ou mesmo dos temas previstos. No entanto, existem pontos comuns entre a maioria deles. A seguir, sugiro uma estrutura geral com base na qual explicarei o conteúdo esperado de cada secção.

### Estrutura do relatório

Pode encontrar um modelo para a estrutura do

relatório abaixo. No entanto, dependendo do seu projeto específico, pode revê-lo.

**Estrutura do relatório**

**Amostra A**

- Página de rosto

- Resumo/Abstrato
- Agradecimentos
- Índice
- Lista de figuras
- Lista de quadros

Capítulo 1

- Introdução

Capítulo 2

- Revisão da literatura
- Conceptual
- Empírico

Capítulo 3

- Metodologia
- Soluções/Proposta
- Gestão de requisitos

Capítulo 4

- Análise e conceção
- Conceção da interface do utilizador
- Conceção da base de dados
- Conceção de software

Capítulo 5

- Implementação
- Discussão dos resultados
- Ensaios

Capítulo 6

- Resumo e conclusão
- Recomendação
- BibliografiaZReferências
- Apêndices

Cada elemento da estrutura acima descrita será brevemente explicado nas subsecções seguintes.

**Página de rosto**

A página de rosto é a identidade do seu relatório final de curso. Já vi muitas páginas de rosto preparadas de forma descuidada e penalizei os fornecedores (os meus alunos sabem-no bem)! A menos que exista um modelo específico no seu departamento, certifique-se de que forneceu pelo menos as seguintes informações no seu relatório de projeto de fim de curso.

**Informações sobre a página de rosto**

**Amostra A**

1. Logótipo da instituição e departamento (o logótipo pode estar à esquerda e o departamento à direita), tudo dentro de um retângulo.
2. Título do projeto
3. O seu nome e a sua identificação de estudante
4. Título e código do curso/módulo
5. Nome do supervisor
6. Ano do projeto e mês

Amostra B.

1. Logótipo da instituição e departamento (o logótipo pode estar à esquerda e o departamento à direita), tudo dentro de um retângulo.
2. Título do projeto
3. O seu nome e a sua identificação de estudante
4. Em cumprimento da atribuição de ...
5. Nome do supervisor
6. Ano do projeto e mês

É ideal captar o logótipo de uma instituição no

projeto para identificar adequadamente o trabalho; em linha ou fora de linha, impresso ou em cópia eletrónica.

### Índice

O Índice (TOC), a Lista de Figuras e a Lista de Tabelas são colocados antes do Capítulo 1, mas separados pelo Resumo. O MS Word ajuda-o a preparar e a atualizar automaticamente estas listas. A utilização destas listas facilita o seu trabalho e evita que o seu documento tenha referências de página erradas.

### Resumo / Sumário Executivo

O ResumoZE Resumo Executivo (RES) é uma explicação de uma página do seu trabalho para um leitor. Deve identificar o problema, a motivação - porque decidiu embarcar no projeto, a metodologia e as ferramentas utilizadas na sua análise, conceção e implementação, bem como a recolha de dados; como o problema foi abordado e quais os resultados/efeitos alcançados.

As diferentes instituições colocam esta página de forma diferente. Respeite as especificações da sua escola. Note-se que esta página é normalmente escrita quando o projeto está concluído. Trata-se de um breve resumo do projeto, que o supervisor ou o júri de avaliação deve ler primeiro para compreender rapidamente o que é o projeto, como foi realizado e os resultados alcançados.

Se o projeto for um projeto de investigação, normalmente, o Sumário Executivo é substituído pelo título "Resumo".

## Introdução

Este capítulo do seu relatório apresenta os antecedentes do projeto, indica, em termos gerais, o conteúdo do relatório e a forma como foi estruturado. A introdução pode ser dividida em subsecções como Visão Geral, Antecedentes e Arquitetura do Relatório. Como se pode ver abaixo, a introdução tem uma diferença clara em relação ao Resumo/Abstract Executivo. No entanto, já vi muitos relatórios com uma transposição da Introdução e do ES.

## Revisão da literatura

Embora esta secção se aplique principalmente aos projectos baseados na investigação, é uma boa ideia incluí-la também nos projectos normais. Neste capítulo, deve reconhecer os trabalhos anteriores na área do projeto, a fim de mostrar os seus principais resultados, pontos fortes e espaços para melhorias. Consequentemente, pode mostrar como o seu projeto foi construído com base nas ideias e trabalhos anteriores e como contribuiria para acrescentar mais a estes antecedentes. Os conceitos que constituem o pano de fundo do projeto podem ser discutidos na "Literatura Conceptual", enquanto as ideias e trabalhos anteriores sobre o tema podem ser discutidos na "Literatura Empírica" ou na "Revisão da Literatura Relacionada".

**Metodologia**

Este capítulo deve discutir a metodologia e as ferramentas utilizadas na realização do projeto. A metodologia é algo que deve ser decidido durante as fases iniciais do projeto. Por conseguinte, pode escrever este capítulo assim que tomar a sua decisão. O método de recolha de dados e as técnicas de amostragem podem ser discutidos aqui.

**Proposta do novo sistema**

Isto pode ser considerado como uma subsecção do capítulo três sobre metodologia. Seja qual for o método escolhido, deve indicar claramente por que razão adoptou esta abordagem específica para desenvolver o sistema. Se houver mais do que uma solução para o seu problema, nomeie essas soluções e fale sobre os seus prós e contras e, em seguida, explique as razões por detrás da sua decisão de optar por uma e não por outra. Por exemplo, tem de explicar por que razão utilizou um sistema baseado na Web e não um sistema de secretária.

**Requisitos**

Esta secção pode não ser um capítulo próprio, mas mostra os requisitos do projeto, tal como discutimos anteriormente em . Classifique os requisitos de forma adequada. Faz sentido agrupar os requisitos funcionais de acordo com os actores e as respectivas histórias de utilizador. Isto é importante para representar claramente os requisitos ator a ator (quando existe mais do que um ator). Se o software contiver uma função que não conste do documento de requisitos, tal como acordado pelos intervenientes envolvidos (programador e cliente/utilizadores), isso significa que o software não foi corretamente desenvolvido. Se faltar algum requisito no produto final, aplica-se a mesma lógica.

## Análise e conceção

Dependendo da sua metodologia, este capítulo conterá a modelação estruturada ou/e de casos de utilização. Deve apresentar fluxogramas/diagramas UML que analisem o seu sistema passo a passo. Identifique as suas figuras de forma correta e sistemática (por exemplo, Figura 4.0 Diagrama geral de casos de utilização). Também se espera aqui a conceção do software/hardware/rede. No entanto, deve mostrar a arquitetura do sistema, as decomposições e a modularidade nesta secção. Se utilizou um método OO, pode apresentar aqui o modelo de pacote, o modelo de classe e o modelo de interação. A conceção da interface do utilizador é outro componente importante que deve ser discutido aqui. São esperadas amostras de interfaces de utilizador (IU) e explicações. Adicione os pormenores como apêndices. Pode combinar a conceção da IU com a descrição dos casos de utilização. Forneça também o ERD e a versão normalizada da conceção da sua base de dados. Discuta os detalhes das suas tabelas na secção de especificações de entrada. Mova alguns exemplos de triggers e procedimentos armazenados, se os tiver, para a secção de apêndices.

## Implementação

O capítulo sobre a implementação deve apresentar a justificação da linguagem de programação e do IDE utilizados, a explicação dos algoritmos utilizados e outros pormenores de implementação. O procedimento passo a passo de como executar o código deve ser discutido aqui.

## Ensaios

Os testes podem não constituir um capítulo próprio. Deve mostrar como o processo de teste foi implementado, em geral, e como as técnicas de verificação/validação foram aplicadas, em particular. Devem ser aqui apresentados exemplos de casos de teste e de explicação dos dados de teste. É importante que os resultados dos ensaios, e não os pormenores, também sejam apresentados. Os pormenores do processo de ensaio podem ser anexados como um dos apêndices.

**Referências /Bibliografia**
As referências são os recursos (livros, revistas, vídeos, etc.) que citou no corpo do seu relatório. Por outro lado, a bibliografia é a lista dos recursos que consultou para o seu projeto, mas que não foram diretamente citados.

A maioria dos departamentos tem sugestões para a utilização do estilo bibliográfico/citações. No entanto, em alguns casos, pode não receber nenhuma sugestão específica. Nesse caso, escolha um estilo com o qual já esteja familiarizado, como o estilo de citação e bibliografia APA ou Harvard. Felizmente, a maioria dos processadores de texto, por exemplo, o MS Word, pode fornecer-lhe ferramentas que suportam vários estilos de citação e bibliografia comuns.

Apêndices

Esta secção contém pormenores do relatório que podem fornecer informações adicionais sobre o projeto. Exemplos: questionários, capturas de ecrã, códigos fonte, etc. Cada anexo terá uma etiqueta. Por exemplo, Apêndice A: Código fonte, Apêndice B: Imagens de ecrã, etc.

Amostra B

- Página de rosto
- Página da certificação

3.3 Recolha de dados

3.4 Análise do antigo sistema
3.5 Problemas do sistema atual
3.6 Proposta de um novo sistema
3.7 Justificação de um novo sistema

Capítulo IV
Conceção e implementação do sistema
4.1 Introdução
4.3 Conceção de ficheiros (especificação de entrada e especificação de saída)
4.3 Concepções de entrada, processo e saída (alto nível
Modelos, diagramas de casos de utilização, diagramas de actividades e de classes
4.4 Justificação da linguagem/ferramentas de programação utilizadas
4.5 Requisitos do sistema
4.6 Teste do sistema
4.7 Manutenção do sistema
4.8 Documentação

Capítulo Cinco
Resumo, conclusão e recomendação
5.1 Introdução
5.2 Resumo
5.3 Conclusão
5.4 Recomendação

## Revisão de provas

O relatório final deve ser lido com atenção e, se necessário, devem ser feitas correcções antes da sua apresentação. Tenha em atenção a língua de redação (inglês britânico ou inglês dos EUA, ou qualquer outro inglês). Há discrepâncias ortográficas a que tem de estar atento. Infelizmente, na maior parte das vezes, os alunos são descuidados na revisão dos seus trabalhos. Os corretores ortográficos são propensos a erros; não confie neles a 100%.

## Capítulo 11: Documentos de apoio

O relatório de um projeto de fim de curso deve ser acompanhado de alguns documentos de apoio na secção de anexos. Estes documentos apoiam as suas afirmações na sua ausência e ajudam o seu supervisor a avaliar a extensão do trabalho efectuado. Segue-se uma lista de documentos que podem ser anexados.

### Códigos de origem

O código do seu projeto pode ser solicitado a ser incluído no seu relatório. Em alguns casos, quando utiliza sistemas de fonte aberta, estes fornecem-lhe uma estrutura e a respectiva fonte de códigos, como os que são utilizados para construir portais, por exemplo. Não é necessário, se não for aplicável, imprimir todos os códigos que não são seus. Em vez disso, é preferível concentrar-se nas partes personalizadas e imprimir algumas amostras das mesmas. No caso dos sistemas construídos de raiz, deve apresentar o código completo. Forneça um título que represente a principal funcionalidade do código. Se tiver personalizado um código-fonte aberto, certifique-se de que referenciou corretamente a sua origem. Ignore as partes do código geradas automaticamente pela ferramenta que utilizou para o projeto.

**Documentos de teste**

Também se espera que façam parte da sua apresentação: os seus casos de teste, dados de teste e resultados de teste que servirão para testar o sistema. Estes devem ser classificados em conformidade.

**Diário de projeto**

Se os documentos a apresentar incluírem um diário do projeto, não se esqueça de o fazer. Este documento deve indicar o trabalho efectuado, a hora e o nome da(s) pessoa(s) envolvida(s). No caso de projectos de grupo, o diário pode incluir as folhas de presença de todas as reuniões do projeto. O supervisor poderá assim conhecer o grau de trabalho realizado por cada membro da equipa de projeto e o seu empenho no projeto, apesar de serem coletivamente responsáveis pelo êxito do projeto.

**Meio físico**

Um projeto de fim de curso pode exigir uma versão impressa do seu relatório. Se lhe for pedido que entregue o seu projeto num suporte físico, num suporte eletrónico, ou em ambos, tem de respeitar as instruções. Certifique-se de que os resultados são preparados corretamente e no número necessário de cópias para efeitos de avaliação e documentação.

**Cópia eletrónica**

Em alguns casos, o seu projeto de fim de curso pode ser apresentado como cópia eletrónica armazenada em CD ou DVD em , para além de cópias em papel. Se for esse o caso, certifique-se de que organizou o seu conteúdo de acordo com as diretrizes de apresentação que lhe serão fornecidas. Certifique-se de que utiliza o suporte de armazenamento recomendado. Se o seu suporte físico não puder funcionar corretamente, será considerado um projeto incompleto. Neste caso, certifique-se de que juntou todos os componentes esperados antes de os transferir para o suporte de armazenamento. Por vezes, é possível fornecer uma ligação ao projeto se este estiver alojado em linha.

**Demonstração do projeto**

Poderá ser-lhe pedido que faça uma demonstração do seu projeto para provar que funciona efetivamente. Se se tratar de um software, deverá fazê-lo através de um sistema informático onde funciona atualmente ou utilizar a ligação em linha onde foi alojado para avaliação. A não apresentação do projeto perante um júri de avaliação significa que o projeto não foi concluído. Isto refletir-se-á definitivamente na pontuação que lhe será atribuída pelo projeto.

## Capítulo 12: Apresentação

Neste contexto, a apresentação é uma coleção organizada de factos sobre o seu projeto, apresentada a um público para efeitos de avaliação. O público quer saber:

1. Em que projeto trabalhou?
2. Porque decidiu embarcar neste projeto?
3. Que problema específico pretendia resolver?
4. Qual é o âmbito do projeto?
5. Como é que chegou ao seu destino? (O que fez para resolver o problema)
6. O que conseguiu no final do seu projeto?
7. Se tem o controlo do conteúdo que está a apresentar.

Com estas expectativas em mente, a apresentação de um projeto é um verdadeiro negócio. O seu conteúdo terá de ser sistematicamente organizado. O seu departamento pode fornecer modelos para fazer esta apresentação. Poderá deparar-se com situações diferentes. Alguns departamentos pedem aos estudantes que apresentem o resultado dos seus projectos perante um painel de pessoal académico (professores nacionais, supervisor externo ou ambos) de uma forma esperada. Enquanto estudantes de licenciatura, mesmo que não lhe seja pedido que apresente o seu projeto final de ano, o guia pode ser útil noutras situações em que tenha de o fazer.

Uma apresentação é normalmente limitada no tempo, entre 10 a 20 minutos. Por conseguinte, a sua estrutura, preparação, conteúdo e apresentação devem ser muito bem concebidos e implementados. A apresentação proporciona-lhe uma oportunidade única para apresentar as suas capacidades sobre o assunto, compreender os tópicos escolhidos e apresentar os resultados do seu projeto.

**Estrutura da apresentação**

A apresentação deve ser organizada de acordo com o calendário permitido. Consulte o seu supervisor ou departamento para saber qual o formato aceite para fazer a sua apresentação onde se aplica. O formato pode mudar de uma instituição para outra. Uma ferramenta de apresentação como o Microsoft PowerPoint pode ajudá-lo a organizar a sua apresentação de forma eficiente. Tem modelos predefinidos, que facilitam esta tarefa. No entanto, se o seu departamento lhe exigir que prepare a sua apresentação com base num modelo departamental, é obrigado a seguir o modelo e a estrutura desse departamento.

Segue-se um exemplo de estrutura de apresentação.

A primeira estrutura foi proposta para 20 minutos

como abaixo:

Estrutura da apresentação:

Diapositivo 1: Introdução

Diapositivo 2: Definição
Diapositivo 3: Declaração do Problema /Projeto
Diapositivo 4: Finalidades e objectivos
Diapositivo 5: Antecedentes/revisão da literatura
Diapositivo 6: Metodologia
Diapositivo 7: Análise
Diapositivo 8: Conceção
Diapositivo 9: Implementação
Diapositivo 10: Conclusões e avaliação/
Ligações para o sistema ativo ou outros documentos
Slide 11 : Resumo, conclusões e recomendações
Diapositivo 12: O fim.

Seguir-se-ão perguntas e respostas.

O tempo que pode ser atribuído a cada uma destas componentes depende do tempo total atribuído a cada aluno para efetuar a sua apresentação. Depende também do número de alunos que fazem uma apresentação por dia e de quantos dias foram reservados para acomodar todos os alunos.

No entanto, se lhe forem dados 10 minutos para a sua apresentação, certifique-se de que termina antes do fim do tempo, pois pode ser cronometrado.

**Dicas para preparar os seus diapositivos**

Há expectativas em relação aos diapositivos que está

a apresentar. Os seguintes elementos servem de orientação.

1. O público continua a ser o centro do exercício de apresentação e deve ser tido em conta na conceção dos diapositivos.
2. Os diapositivos não devem estar cheios de texto. O objetivo é mostrar os pontos principais e não os pormenores.
3. As combinações de cores devem permitir que o seu público leia o seu conteúdo sem dificuldade. A cor de fundo não deve ser uma cor que faça com que a cor principal não seja visível à distância, por exemplo, a partir dos bancos de trás do local. É sempre bom ter cuidado com isso.
4. Adotar a utilização de Smart Arts (um recurso gráfico presente no PowerPoint e noutros pacotes de apresentação) para reduzir a quantidade de texto nos diapositivos. A combinação de textos e gráficos permite-lhe obter um melhor design do que se utilizar apenas palavras. O seu público ficará cansado de ler textos longos durante a sua apresentação.
5. Utilize modelos prontos a usar para acelerar o processo de criação da apresentação.
6. Pode descarregar belos modelos online e personalizá-los de acordo com o seu conteúdo.

7. Assegure-se de que o seu conteúdo está em conformidade com o formato de apresentação do departamento para garantir a uniformidade.

## Preparação

A preparação da apresentação deve fazer parte do seu plano de projeto. Além disso, é uma boa prática pedir ao seu supervisor que reveja a sua apresentação antes de a apresentar. Se o produto for um software, pode ser-lhe pedido que faça uma apresentação rápida do seu produto. Neste caso, tem de verificar com o seu supervisor se o local da apresentação está preparado para si em termos de hardware e software necessários.

## Ensaio

É necessário ensaiar a sua apresentação utilizando os diapositivos desenvolvidos, tendo provavelmente em conta o tempo atribuído. A prática permitir-lhe-á saber como ajustar o seu conteúdo em função do tempo. A apresentação é semelhante à representação de um guião de uma peça de teatro, pelo que um ensaio é importante e necessário. Ensaie-a em casa sozinho ou em frente da sua família ou amigos, ou em frente do seu supervisor. Se não for este o caso, ensaie em frente a um espelho! Será necessário um cronómetro; coordene os seus gestos; ou, se estiver a utilizar um software de apresentação, utilize o movimento automático dos slides. A apresentação pode transitar manualmente com um clique do rato. Neste caso, terá de indicar à pessoa que está a gerir o computador quando deve passar ao diapositivo seguinte.

## Apresentação

Este é o momento em que a apresentação de diapositivos está a decorrer em direto. Abaixo encontra algumas dicas sobre o assunto.

### Dicas de apresentação

Condições prévias: Lembre-se de que deve partir do princípio de que está a falar com a última pessoa no local, pelo que tem de falar em voz alta, mas calma, para que essa pessoa o ouça. Por conseguinte, todas as pessoas presentes no local o ouvirão claramente. Durante a apresentação, sorria com delicadeza. Também se espera que se vista bem.

- Fique de frente para o público, mas num ângulo confortável para que possa ver o projetor e o público.
- Respirar fundo para aliviar a ansiedade ou o medo do palco e relaxar
- Cumprimentar o público (diretor de turma,

supervisor externo, professores, colegas, etc.)

- Apresente-se (diga o seu nome e número de registo)
- Apresente o seu projeto e diga-lhes quem é o seu supervisor .
- Mantenha um contacto visual com o público (de preferência) ou olhe acima do nível da cabeça se tiver medo do palco.
- Se houver uma pergunta durante a apresentação, dê uma resposta curta, se tiver, caso contrário, peça educadamente à pessoa para adiar a sua pergunta para o final da apresentação.
- Em qualquer situação, mantenha-se estável e não tenha medo.

## Referências/Bibliografia

AB, M., (2006). *MySQL administrator.* Indianápolis, EUA: MySQL Press.

Amadi, A. N. & Ololo, E. C. (2021). Conceção e implementação do sistema de alocação de projetos dos alunos. Revista Internacional de Publicações Científicas e de Pesquisa, Volume 11, Edição 6, junho de 2021 164 ISSN 2250-3153

Ambler, S.W. & Sadalage, P.J., (2007). *Refactoring databases.* Upper Saddle River, EUA: Addison-Wesley.

Anderson, R.J. & Long, C., (2008). *Engenharia de segurança.* 2 ed. Indianápolis, EUA: Wiley Publishing Incorporated.

Arlow J.(2004). Análise e desenho de OO com UML e USDP: Soluções. Clear View Training Limited

Balter, A. & Kanouse, G., (2006). *Microsoft SQL server 2005 express em 24 horas* . Indianápolis, EUA: Sams Publishing.

Barzdins, J. & Caplinskas, A., (2001). *Bases de dados e sistemas de informação.* Dordrecht, The

Países Baixos: Kluwer Academic Publishers.

Beekman, G. & Quinn, M.J., (2006). *Tomorrow's technology and you: introductory*. 8th ed. Upper SaddleRiver, USA: Pearson Prentice Hall.

Bennett, S., McRobb, S., Farmer, R. & Mosman, K., (2006). *Object-Oriented systems analysis and design using UML*. 3ª ed. Londres, Inglaterra: McGraw Hill.

Bentley, L.D., Whitten, J.L. & Randolph, G., (2007). *Systems analysis and design for the global enterprise*. 7ª ed. Boston, EUA: McGraw-Hill Irwin.

Bishop, M., (2004). *Introdução à segurança informática*. Boston, EUA: Addison-Wesley.

Bittner, K., Spence, I. & Jacobson, I., (2007). *Use case modeling*. Boston, EUA: Addison-Wesley.

Blanchard, B.S., Fabrycky, W.J. & Svendsen, E., (2006). *Systems engineering and analysis*. 4ª ed. ed. s.l.:Prentice Hall.

Bloch, J. & Steele, G., (2007). *Java eficaz*. Boston, EUA: Addison-Wesley.

Bon, J.v., International, I. & Wilkinson, J., (2007). *Foundations of IT service management (Fundamentos da gestão de serviços de TI)*. 3ª ed. Zaltbommel, Países Baixos: Van Haren Publishing.

Bon, J.v., Pieper, M., Veen, A.v.d. & Verheiken, T., (2007). *Introdução à ITIL.* Londres, Inglaterra: TheStationery Office .

Booch, G., Rumbaugh, J. & Jacobson, I., (2003). *Guia do utilizador da linguagem de modelação unificada.* Boston, EUA: Addison-Wesley.

Brookshear, J.G. & Triebel, L., (2005). *Computer science.* 9ª ed. Boston, EUA: Pearson Addison Wesley.

Bussler, C. & Shan, M.-C., (2006). *Technologies for e-services.* Berlim, Alemanha: Springer.

Chorafas, D.N., (2002). *Enterpirse architecture and new generation information systems.* Boca Raton, EUA: St Lucie Press.

Clements, J.P. & Gido, J., (2006). *Effective Project Management.* Nova Iorque: THOMSON-SOUTHWESTERN.

Connolly, T. & Begg, C., (2010). *Sistemas de bases de dados: A Practical Approach to design, Implementation and Management.* 5th ed. NY: Addison Wesley.

Connolly, T.M. & Begg, C., (2005). *Database systems.* 4ª ed. Harlow, Inglaterra: Addison-Wesley.

Connolly, T.M., Begg, C.E. & Hirsch, M., (2010). *Database systems.* 5ª ed. Boston, EUA: Addison-Wesley.

Cormen, T.H., Leiserson, C.E., Rivest, R.L. & Stein, C., (2007). *Introdução aos algoritmos.* 2ª ed. Cambridge, EUA: MIT Press.

Cyganski, D., Orr, J.A. & Vaz, R.F., (2000). *Tecnologia da informação.* Upper Saddle River, EUA: Prentice Hall. Daft, 2008. *The Leadership Experience.* 4ª ed. s.l.: Thomson Learning.

Daley, B., 2006. *Os computadores são o seu futuro: completo.* 9ª ed. Upper Saddle River, EUA: PearsonPrentice Hall.

Date, C.J., 2004. *Uma introdução aos sistemas de bases de dados.*
8th International ed. Boston, USA: Pearson Addison

Wesley.

Dawson, C.W., 2005. *Projects In Computing and Information Systems.* Harlow, Inglaterra: Addison-Wesley.

Dawson, C.W., 2009. *Projectos em computação e*

*sistemas de informação.* 2ª ed. Harlow, Inglaterra: Addison-Wesley.

Dix, A., Finlay, J., Abowd, G. & Beale, R., 2003. *Interação Homem-Computador.* 3 ed. s.l.: Prentice Hall Europe.

Dix, A., Finlay, J., Abowd, G.D. & Beale, R., (2004).
*Interação homem-computador.* 3ª ed. Harlow, Inglaterra: Pearson Prentice Hall.

Dorsch, W., Lee, R.Y. & Wu, C., (2005). *Investigação, gestão e aplicações da engenharia de software.* Berlim, Alemanha: Springer Verlag.

DuBois, P. & Clapp, C., (2003). *MySQL.* 2nd ed. ed. Indianapolis, USA: Sams Publishing.

DuBois, P., Hinz, S. & Lentz, A., (2005). *MySQL language reference.* Indianápolis, EUA: MySQL Press.

Easwarakumar, K.S., (2003). *Object-Oriented data structures using C++.* Nova Deli, Índia: Vikas Publishing House PVT Limited.

Elliott, G., (2004). *Global business information technology.* Harlow, Inglaterra: Pearson Addison Wesley.

Englander, I., (2003). *The architecture of computer hardware and systems software.* 3ª ed. Hoboken, EUA: John Wiley & Sons.

Englander, I., (2010). *A arquitetura de hardware de computador, software de sistema e rede.* 4ª ed. Internacional. Hoboken, EUA: John Wiley & Sons.

Evans, E.G. & Ward, P. L., (2007). *Noções básicas de gestão para profissionais da informação.* 2 ed. NJ: Neal-Schuman.

Fowler, M., 2003. *Patterns of Enterprise Application Architecture.* s.l.: The Addison-Wesley Signature Serie.

Fowler, M., 2004. *UML distilled.* 3ª ed. Boston, EUA: Addison-Wesley.

Addison-Wesley.

Galitz, W.O., 2007. *The essential guide to user interface design.* 3ª ed. Indianápolis, EUA: Wiley Publishing Incorporated.

Gary, F.C. & Larson, W.E., 2008. *Projeto A gestão, o processo de gestão.* 4 ed. Singapura: McGraw Hill Higher Education.

George, J.F., Batra, D., Valacich, J.S. & Hoffer,

J.A., 2007. *Object-Oriented systems analysis and design.* 2ª ed. Upper Saddle River, EUA: Pearson Prentice Hall.

George, J.F., Batra, D., Valacich, J.S. & Hoffer, J.A., 2007. *Object-Oriented systems analysis and design.* 2ª ed. Upper Saddle River, EUA: Pearson Prentice Hall.

Giudici, P. & Figini, S., 2009. *Applied data mining for business and industry.* 2ª ed. Chichester, Inglaterra: John Wiley & Sons.

Goikoetxea, A., 2007. *Arquitecturas empresariais e planeamento, conceção e avaliação da administração digital.* NJ: World Scientific.

Goldreich, O., Rosenberg, A.L. & Selman, A.L., (2006). *Theoretical computer science.* Berlim, Alemanha: Springer.

Gollman, D., 2006. *Computer security.* 2ª ed. Chichester, Inglaterra: John Wiley & Sons.

Gomaa, H., (2005). *Designing software product lines with UML.* Boston, EUA: Addison-Wesley.

Goodrich, M.T. & Tamassia, R., 2002. *Algorithm design.* Hoboken, EUA: John Wiley & Sons.

Gouge, I., 2003. *Shaping the IT organization.* Londres, Inglaterra: Springer-Verlag.

Gray, C.F. & Larson, E.W., (2000). *Project Management, The Managerial Process.* Newyork: McGraw Hill- International Edition.

Grembergen, W.v. & Has, S.d., (2008). *Implementação da governação das tecnologias da informação.* Hershey, EUA: IGI Publishing.

Haag, S., Baltzan, P. & Phillips, A., (2008). *Business driven technology.* Boston, EUA: McGraw-Hill Irwin.

Haag, S. & Cummings, M., (2008). *Information systems essentials.* 2ª ed. Boston, EUA: McGrawHill Irwin.

Haag, S. & Cummings, M., 2008. *Management information systems for the information age.* 7ª ed. Boston, EUA: McGraw-Hill Irwin.

Haimes, Y.Y., (2004). *Modelação do risco, assessment, and management.* 2ª ed. Hoboken, EUA: Wiley Interscience.

Harris, P.E., (2007). *Prince2 Planning and control using Microsoft project.* Doncaster Heights, Austrália: Paul E. Harris.

Harris, S., Ross, J. & Long, C., (2006). *Algoritmos para iniciantes.* Indianápolis, EUA: Wiley Publishing Incorporated.

Hoffer, J.A., Prescott, M.B. & McFadden, F.R., (2007). *Modern database management.* 8ª ed.

ed. Upper Saddle River, EUA: Pearson Prentice Hall.

Hoffer, J.A., Prescott, M.B. & Topi, H., (2009). *Modern database management.* Upper Saddle River, EUA: 9ª edição internacional.

Howard P. (2010). UML para o analista de negócios de TI: A Practical Guide To Requirements Gathering Using the Unified Modeling Language. Segunda edição, EUA: Course Technology.

Hughes, B. & Cotterell, M., (2006). *Gestão de projectos de software.* 4ª ed.. Londres, Inglaterra: McGraw-Hill.

Hughes, B. & Cotterell, M., (2009). *Software project management.* 5ª ed. Londres, Inglaterra: McGraw- Hill Higher Education.

Hunter, M.G., Tan, F.B. & Snavely, J.,(2009). *Handbook of research on information management and the global landscape.* Hershey, EUA: Information Science Reference.

Jackson, R., Burd, S.D. & Satzinger, J.W., (2004). *Análise e Projeto Orientados a Objetos com o UnifiedProcess.* s.l.: Curso de Tecnologia

Inc.

Jacobson, I., (2002). *Use Case Modleing.* 3 ed.. Newyork: Adisson Wesley.

Janakiraman, V.S. & Sarukesi, K., (2009). *Decision support systems.* Nova Deli, Índia: PHI Learning Private Limited.

Jennex, M.E. et al., 2008. *Gestão do conhecimento.* Hershey, EUA: Information Science Reference.

Jessup, L.M. & Valacich, J.S., (2006). *Information systems today.* 2ª ed. Upper Saddle River, EUA: Pearson Prentice Hall.

Kendall, K.E. & Kendall, J.E., (2008). *Systems analysis and design.* 7ª edição internacional. Upper Saddle River, EUA: Pearson Prentice Hall.

Kendall & Kendnall, C., (2010). *Systems Analysis and Design.* 8 ed. NJ: Pearson Education Inc.

Kifer, M., Bernstein, A. & Lewis, P.M., (2006).

*Sistemas de bases de dados.* 2ª edição internacional. Boston, EUA: Pearson Addison-Wesley.

Kizza, J.M., (2007). *Questões éticas e sociais na era da*

*informação.* 3.ª ed. Londres, Inglaterra: Springer Verlag.

Kleinberg, J., Tardos, E. & Suarez-Rivas, M., 2006. *Algorithm design.* Boston, EUA: Pearson Addison-Wesley.

Know, D. & Carey, D.W., 2004. *Effective Oracle database 10g security by design.* Nova Iorque, EUA: McGraw- Hill/Osborne.

Kochan, S.G., 2009. *Programming in Objective-C 2.0.* 2ª ed. Upper Saddle River, EUA: Addison-Wesley.

Koffman, E.B., Wolfgang, P.A.T. & Santor, K., 2006. *Objectos, abstração, estruturas de dados e conceção utilizando C++.* Danvers, EUA: John Wiley & Sons.

Kolling, M., Hirsch, M. & Horton, M., 2010. *Introdução à programação com Greenfoot.* Boston, EUA: Pearson.

Kroenke, D.M., 2006. *Database processing.* 10ª ed. Upper Saddle River, EUA: Pearson Prentice Hall.

Kroenke, D.M., 2009. *Processamento de bases de dados: Fundamentos, Projeto e Implementação.* 10 ed., NY. NY: Prentice Hall.

Kroenke, D.M. & Auer, D.J., 2007. *Database concepts*. 3ª ed. Upper Saddle River, EUA: PearsonPrentice Hall.

Kroenke, D.M. & Auer, D.J., 2008. *Conceitos de base de dados*. 3ª ed. s.l.: Pearson Educação Inc..

Kroenke, D.M. & Auer, D.J., 2010. *Conceitos de bases de dados*. 4ª ed. s.l.: Pearson Education Inc.

Kroenke, D.M., Auer, D.J. & Horan, B., 2010. *Database concepts*. 4ª ed. Boston, EUA: Pearson.

Kroenke, D.M., Svendsen, E. & Horan, B., 2012. *MIS essentials*. 2nd International ed. ed. Boston, USA: Pearson.

Lankhorst, M., 2005. *Enterprise architecture at work*. Berlim, Alemanha: Springer.

Larman, C., 2002. *Aplicando UML e padrões*. 2ª ed. Upper Saddle River, EUA: Prentice Hall PTR.

Larman, C., 2005. *Aplicando UML e Padrões - Uma introdução à análise orientada para objectos e Conceção e Desenvolvimento Iterativo*. 3 ed. NJ: Prentice Hall.

Larman, C., 2007. *Aplicando UML e padrões.* 3ª ed. Upper Saddle River, EUA: Prentice Hall PTR.

Laudon, J. & Laudon, K., 2007. *Management Information Systems: Managing the Digital Firm.*
10 ed. s.l.:Prentice Hall (Pearson Education).

Laudon, K.C. & Laudon, J.P., 2009. *Essentials of management information systems.* 8ª ed. Internacional. Upper Saddle River, EUA: Pearson Prentice Hall.

Laudon, K.C. & Laudon, J.P., 2010. *Management information systems.* 11ª ed. Global. Upper Saddle River, EUA: Pearson.

Laudon, K.C., Laudon, J.P. & Horan, B., 2007. *Sistemas de informação de gestão.* 10ª ed.. UpperSaddle River, EUA: Pearson Prentice Hall.

Law, A.M., 2007. *Simulation modeling and analysis.* 4ª ed. Boston, EUA: McGraw Hill.

Lejk, M. & Deeks, D., 2002. *An introduction to systems analysis techniques* . 2ª ed. Harlow, Inglaterra: Pearson Addison Wesley.

Lewis, J. & Loftus, W., 2007. *Soluções de software Java.* 5ª ed. Boston, EUA: Pearson Addison-Wesley.

Liang, Y.D., 2007. *Introdução à programação Java: versão completa.* 6ª ed..
Upper Saddle River, EUA: Pearson Prentice Hall.

Liang, Y.D., 2007. *Introdução à programação Java: primeiro os fundamentos.* 6ª ed..
Upper Saddle River, EUA: Pearson Prentice Hall.

Liang, Y.D., 2011. *Introdução à programação Java: abrangente.* Boston, EUA: Pearson.

Liberty, J., Hurwitz, D. & Osborn, J., 2006. *ProgramaçãoASP.NET.* 3ª ed. Bejing, China: O'Reilly.

Lisin, M. & Joseph, J., 2006. *Microsoft SQL server 2005 reporting services.* Indianápolis, EUA: Sams

Publicação.

Liskov, B. & Guttag, J., 2007. *Desenvolvimento de programas em Java.* Boston, EUA: Addison-Wesley.

Loney, K., 2004. *Oracle database 10g: the complete reference.* Nova Iorque, EUA: McGraw- Hill/Osborne.

Loney, K. & Bryla, B., 2005. *Oracle database 10g DBA handbook.* Nova Iorque, EUA: McGraw- Hill/Osborne.

Long, L., Long, N. & McPherson, J., 2005.

*Computadores.* 12ª edição internacional. Upper Saddle River, EUA: Pearson Prentice Hall.

Löwgren, J. & Stolterman, E., 2005. *Thoughtful interaction design.* Cambridge, EUA: The MIT Press.Lowy, J., 2009. *Programming WCF services.* Sebastopol, EUA: O'Reilly.

Macdonald, 2007. *Iniciando o ASP.NET 3.5 em C#: Do iniciante ao profissional.* 2a ed. s.l.: s.n.MacDonald, M., 2002. *Interfaces de utilizador em C#.* Berkeley, EUA: Apress.

MacLennan, J., Tang, Z. & Crivat, B., 2009. *Extração de dados com o Microsoft SQL Server 2008.* Indianápolis, EUA: Wiley Publishing Incorporated.

Main, M., 2006. *Estrutura de dados e outros objectos utilizando Java.* 3ª ed. internacional. Boston, EUA: Pearson Addison Wesley.

Málaga, R.A., 2005. *Tecnologia dos sistemas de informação.* Upper Saddle River, EUA: Pearson Prentice Hall.

Mannino, M.V., 2007. *Projeto de banco de dados, desenvolvimento e administração de aplicativos.* 3 ed. s.l.:Pearson Education Inc.

Mannino, M.V., 2007. *Database design, application development, and administration.* 3ª ed. Boston, EUA: McGraw-Hill Irwin.

Marakas, G.M., 2006. *Systems analysis and design.* 2ª ed. Boston, EUA: McGraw-Hill Irwin.

McFedries, P. & Clapp, C., 2005. *Business solutions.* Indianápolis, EUA: Que Publishing.

McGovern, J., Sims, O., Jain, A. & Little, M.,

2006. *Arquitecturas orientadas para os serviços às empresas.*
Dordrecht5Países Baixos: Springer.

Mehlhorn, K. & Sanders, P., 2008. *Algoritmos e estruturas de dados.* Berlim, Alemanha: Springer.

Meier, R., 2010. *Desenvolvimento profissional de aplicações Android 2.* Indianápolis, EUA: Wiley Publishing Incorporated.

Merkow, M.S. & Briethaupt, J., 2006. *Segurança da informação.* Upper Saddle River, EUA: Pearson Prentice Hall.

Mills, B., (2006). *Theoretical introduction to programming.* Londres, Inglaterra: Springer Verlag.

Monk, E.F. & Wagner, B.J., (2009). *Concepts in enterprise resource planning.* 3ª ed. Boston, EUA: Tecnologia de cursos, Cengage Learning.

Nielsen, J., 2000. *Designing Web Usability.* s.l.: New Riders Publishing.

O'Brien, J.A. & Marakas, G.M., 2008. *Sistemas de informação de gestão.* 8ª ed. Boston, EUA: McGraw-Hill Irwin.

O'Brien, J.A. & Marakas, G.M., 2009. *Sistemas de informação de gestão.* 9ª edição International ed. Boston, EUA: McGraw-Hill Irwin.

O'Brien, J.A. & Marakas, G.M., 2010. *Introdução aos sistemas de informação.* 15ª edição internacional. Nova Iorque, EUA: McGraw-Hill Irwin.

O'Leary, T.J., O'Leary, L.I. & Gordon, B., 2007. *Computing essentials 2007: complete.* Boston, EUA: McGraw-Hill Irwin.

O'Leary, T.J., O'Leary, L.I. & Gordon, B., 2007. *Computing essentials: introductory.* Boston, EUA: McGraw-Hill Irwin.

Perlson, K.E. & Saunders, C.S., 2006. *Managing and Using Information Systems - A Strategic Approach.*
NY: Wiley.

Pfleeger, C.P. & Pfleeger, S.L., 2007. *Segurança em computação.* 4ª ed., Upper Saddle River, EUA. Upper Saddle River, EUA: Prentice Hall.

Pidd, M., 2002. *Tools for thinking.* Chichester, Inglaterra: Wiley.

Pohl, I. & Shanklin, C.J., 1993. *Object-Oriented programming using C++.* Redwood City, EUA: The Benjamin/Cummings Publishing Company Incorporated.

Powell, G. & McCullough-Dieter, C., 2007. *Administrador de base de dados Oracle 10g.* Austrália: Thomson Course Technology.

Power, D.J., 2002. *Sistemas de apoio à decisão.* Westport, EUA: Quorum Books.

Pratt, P.J., Adamski, J.J. & DiMassa, C., 2008. *Conceitos de gestão de bases de dados.* 6ª ed. Boston, EUA: Cengage Learning.

Pressman, R.S., 2010. *Engenharia de software: A Practitioner's Approach.* 7ª ed. s.l.:

McGraw-HilLPrice, J., 2004. *Oráculo Base de dados 10g SQL.* Nova Iorque, EUA: McGraw-Hill/Osborne.

Rainer, R.K. & Turbanm, E., 2009. *Introdução aos sistemas de informação.* 2nd International ed. Hoboken,USA: John Wiley & Sons.

Robertson, L.A., Doube, W. & Styles, K., 2004. *Desenho de programas simples.* 4ª ed. Boston, EUA: ThomsonCourse Technology.

Rob, P. & Coronel, C., 2007. *Sistemas de Base de Dados: Projeto, implementação e gestão.* 7 ed. MA:Curso de Tecnologia.

Royce, W., 2005. *Gestão de projectos de software.* Boston, EUA: Addison-Wesley.

Ruby, S. et al., 2010. *Desenvolvimento web ágil com Rails* . 3a ed. Ragleigh, EUA: The Pragmatic Bookshelf.

Satzinger, J.W., Jackson, R.B. & Burd, S.D., 2005. *Object-Oriented Analysis and Design - with the UnifiedProcess.* Boston, EUA: Thomson Course Technology.

Satzinger, J.W., Jackson, R.B. & Burd, S.D., 2009. *Análise e desenho de sistemas num mundo em mudança.*

5th International Student Ed. ed. Boston, EUA: Course Technology, Cengage Learning.

Savitch, W., Mock, K., Horton, M. & Hirsch, M., 2012.

*Java.* 6ª edição internacional. Boston, EUA: Pearson.

Schmuller, J. & Green, T., 2004. *Sams teach yourself UML in 24 hours.* 3ª ed. Indianápolis, EUA: Sams Publishing.

Schwalbe, K., 2006. *Gestão de Projectos de Tecnologias de Informação.* 4 ed. s.l.: Curso Thompson de Tecnologia.

Schwalbe, K., 2007. *Gestão de projectos de tecnologias da informação.* 5ª ed. Boston, EUA: Thomson Course Technology.

Schwalbe, K., 2011. *Gerir projectos de tecnologias da informação.* 6ª ed. Internacional. Austrália: Course Technology, Cengage Learning.

Seidl, M., Scholz, M., Huemer C. & Kappel G. (2014). UML @ Classroom: Uma introdução à modelagem orientada a objetos. Alemanha: Springer International Publishing AG.

Senft, S. & Gallegos, F., 2009. *Tecnologias de*

*informação controlo e auditoria.* 3ª ed. Boca Raton, EUA: CRCPress Taylor & Franics Group.

Shelly, G.B. & Hoisington, C., 2009. *Microsoft Visual Basic 2008 para Windows e telemóvel aplicações.* Boston, EUA: Course Technology, Cengage Learning.

Shneiderman, B., 2004. *Conceber a interface do utilizador: Strategies for Effective Human-Computer Interaction. 4ª* ed. s.l.: Addison Wesley Longham.

Silberschatz, A., Korth, H.F. & Sudarshan, S., 2006. *Database system concepts.* 5ª ed. Boston, EUA: McGrawHill Higher Education.

Silberschatz, Korth & Sudarshan, 2006. *Conceitos de Sistemas de Bases de Dados.* 5 ed. s.l.: McGraw-Hill Higher Education.

Sommerville, I., 2011. *Engenharia de software.* 9ª ed. Internacional. Boston, EUA: Pearson.

Sprankle, M., 2006. *Resolução de problemas e conceitos de programação.* 7ª ed., Upper Saddle River, EUA. Upper Saddle River, EUA: Pearson Prentice Hall.

St Amant, K., Still, B. & Reed, S., 2007. *Handbook of research on open source software.* Hershey, EUA: Information Science Reference.

Stair, R.M. & Reynolds, G.W., 2008. *Fundamentals of information systems.* 4ª ed. Boston, EUA: ThomsonCourse Technology.

Tanenbaum, A.S. & Steen, M.v., 2002. *Distributed systems.* Upper Saddle River, EUA: Prentice Hall.

Taylor, J., 2004. *Managing information technology projects.* Nova Iorque, EUA: AMACOM AmericanManagement Association.

Thomas, B.M., Thomas, T.M. & Sandler, C., 2004. *The Art of Software Testing.* 2ª ed. Hoboken, NewJersey: John Wiley & Sons.

Tucker, A.B., 2007. *Programming languages.* 2ª ed. Boston, EUA: McGraw-Hill Higher Education.

Turban, E., Aronson, J.E., Liang, T.-P. & Sharda, R., 2007. *Sistemas de apoio à decisão e de inteligência empresarial.* 8ª ed. Internacional. Upper Saddle River, EUA: Pearson Prentice Hall.

Ware, C., 2004. *Information visualization.* 2ª ed. São Francisco, EUA: Morgan Kaufmann Publishers.

Welling, L., Thomson, L. & AB, M., 2004. *MySQL tutorial.* Indianápolis, EUA: MySQL Press.

Welling, L., Thomson, L. & Clapp, C., 2005. *Desenvolvimento web PHP e MySQL.* 3ª ed. Indianápolis, EUA: Sams Publishing.

White, R. & Downs, T.E., 2006. *Como funcionam os computadores.* 8ª ed. Indianápolis, EUA: QUE.
White, R. & Downs, T.E., 2009. *Como funcionam os computadores.* 9ª ed. Indianápolis, EUA: QUE.

Zarnekow, R., Brenner, W., Pilgram, U. & Faessler, T., 2006. *Integrated information management.* Berlim, Alemanha: Springer.

MIX
Papier aus verantwortungsvollen Quellen
Paper from responsible sources
FSC® C105338

Printed by Books on Demand GmbH, Norderstedt / Germany